Love Letter from Ichiko's Kitchen

お皿のラブレター

竹花いち子

宝島社

はじめに

私はどんなときにどんな料理をするのでしょう。まずは私がお腹すいたとき。この人の好みはよく知っているから、食べたいと思ったものはなんでも作ってあげたい。だけど料理の仕事をしていると、早く使ってしまわなくてはいけない材料や少しだけ残った料理がたいていいつも冷蔵庫にいて。もう賞味期限の豆腐や生クリーム。きゅうり半本とか。きゃべつの芯、春菊の茎、かぼちゃの皮など絶対に美味《おい》しいのは分かっているから捨てられない野菜の片鱗多数。今週は赤かぶや紅くるり大根の葉っぱ、食べても食べても追いつかない。ミートボール一個、いつのだったっけってくんくん匂いを嗅いだりして。さて、どうしよう。考えはじめはちょっとうんざりした気分、だけど、ぐるぐるしていると「あ！」っていう瞬間がちゃんといつも来てくれる。そうそうヒットは出ないにしても、なんだかんだチャーハン系が多いにしても、「あ！」って、やっぱりうれしい。私には美味しい。

8名のお食事会、任されました。友だちの、その友だちのお誕生日会。参加者全員の「食べられないもの情報」と初めて会うお誕生日の人の「好きな食べもの情報」をいただくことからスタート。主役を喜ばせたいのは当然だけど、私の気持ちはすでに好みをよく知っている友だちのほうへ寄り添いがちになる。だって「これ、好き〜」ってときの顔、絶対にまた見たいから。というわけで好きの共通項を探りながら旬の食材と相談しているうちに「あ！」がやって来る。自分のごはんを考えているときより、こっちの「あ！」のほうがちょっと多めのドーパミン。

「食べる人のことをギューッとイメージして料理するその感じを生かして連載をやりませんか」。そんなうれしい誘いにドキドキした。連載にならなくたって、たった一回だってやりたいです。好きな人のことだけ思って料理していいなんて、考えただけでもニタニタしてしまう。冷蔵庫を整理して残りものを救済したり、テーブルを囲む人たちのバランスを取ったりしなくてもよくて、ただひたすら一点に向かってカモン！ドーパミンの世界。そんな願ってもないシチュエーションで『お皿のラブレター』がはじまりました。

かっこいいから好き、かわいいから好き、感動させてもらったから大好き、知らない世界を教えてくれたから好き。私の胸の中にあるいろんな「好き」という感情を自由に探っていると、その対象はいま生きてる人だけにとどまりはしなくて。遠い過去の人やフィクションの世界の住人だけでなく、どんなに食べてほしくてもそれは絶対に無理な「こころのゲスト」もいたのだけれど、私、まっすぐでした。ちょっと変態でした。「東京タワー」にだって食べてもらえる気満々で。調べたなあ。いろいろ読んだなあ。見にも行ったなあ。好きな「あなた」がニヤッとしてくれるポイントを見つけるまで探しまくり。大きな「あ！」がやって来るまで妄想しまくり。

ここにはレシピも載っていなければ、料理の説明も十分にできていません。それでもどこかのページでニヤッとして「分かる〜」って思ってくれたなら、一緒にファンミーティングできるかも。変態仲間になれるかも。この一冊を手に取ってくれてありがとうございます。もしもどこかで会ったなら、私はきっと「好きな食べもの、何ですか」って聞くと思います。それが私の日々だから。

目次

※エッセイ部分の年号、年齢の表記は、雑誌掲載当時のまま収録しています。

こころのゲスト1

甲本ヒロトさん

バンドの名前が変わってもヒロトはヒロト。
いつだってちゃんと好きなことを
やり続けてきたきれいな人の顔してる。
「大好きな人にごはんを作る」という
幸せなこのページのはじまりは
私をいつも真っすぐにしてくれる
その笑顔の持ち主から。

料理ってすごいよね。音楽も絵も小説も、メールだって花束だって誰かの胸に届けたくって創るものだけど、料理って、その誰かの身体の中に、そのままぜんぶ入っていってしまうんだもの。

思いが真っすぐ届いてしまう料理、美味しくするコツは手からいっぱいオーラを出すこと。笑。食べてくれる人の笑顔を思い浮かべること。コツっていうより、笑顔が思い浮かばないと、何を作っていいのかさえ分からない。

細切りにする？　乱切りにする？　バターで焼く？　それとも揚げる？　浮かべた笑顔に聞きながら、ひとつひとつ決めていく。黙って手を動かしながら、頭の中はすごいおしゃべりだ。

お皿のラブレター、はじまります。大好きな人に届けたい、ありったけの想像力で作るひと皿。

一番目のゲストは甲本ヒロトさん。ヒロトの歌で勇気を出したり素直になれたりしてきたから、もう恩人みたいな存在。

ザ・ブルーハーツ→ザ・ハイロウズ→ザ・クロマニヨンズの作詞、作曲、ボーカル、ハーモニカ。ギターの真島昌利とはずっと一緒に活動してきた。この宝物のような写真はメジャーデビュー直前頃、写真家の髙橋恭司氏によって撮られたもの（初公開かも）。（2016年7月号掲載）

こんなに好きな人に何を作ったらいいんだろうってはじめはちょっと緊張したけど、屈託のない笑顔にしか似合わないお子様ランチがひらめいて。この線でいこうってどんどん調べていったら、お豆が好物って分かってホッとして、一気にお皿の風景が見えてきた。

「お子様ランチ・フィーチャリングお豆」、どうかなあ！

3色のお豆やベーコンを使ったカレーチャーハンは鶏スープで炊いたごはんを使うという気の入れよう。ハンバーグにだって青大豆を忍ばせて、うずらの卵で目玉焼。ナポリタンにはお豆おやすみ。ぜーんぶに入れるとしつこいから素直でちゃんと美味しいを目指して。エビフライに添えたのは必殺カレー風味のディップ。野菜が不足しないようにと人参、トマト、レンズ豆のマリネを。デザートは、見つけた動画の中で素晴らしいと言っていた丹波の黒豆入りのとろける胡麻のブラマンジェ。日の丸にちょっと細工したら「情熱の薔薇」になった！　大好きなナンバーだ。料理ってどこまでも楽しいな。

お子様ランチ・フィーチャリングお豆

こころのゲスト2

髙梨沙羅さん

世界を制するアスリートの食事はどんなだろう。
鳥のようにどこまでも空を飛ぶ人は、
たくさん食べちゃいけないのかな。
全部無視して、好きなものを好きなだけ
食べてもらおうと妄想したのに
なんだかバランスよさそうな
セットになっちゃったから不思議。

気がつかないうちに大好きになっている人っているみたい。どうしても会ってみたいとか、話してみたいとかじゃなくて、なんとなく、顔を見ればなんとなく幸せ。花や月や猫を眺めている気持ちと似ている感じ。

私にとってのそんな人、見つけました。髙梨沙羅ちゃん。スキージャンプW杯で、もうすでに3度も優勝しているという超絶に偉大なアスリートなんだけど、ちゃんって呼んじゃうよ。髙梨選手じゃなくて、今日は沙羅ちゃんに料理を作らせて欲しいのです。

今回のキラー食材は納豆！ 海外遠征を終え、日本に帰ってくると、何にでも納豆をかけてしまうほど好きだそうで「カルボナーラにも混ぜてみたら美味しかった」との沙羅ちゃん発言、偶然にも聞いたのは大きなヒント。納豆好きといっても色々で、ごはんにかけて食べる以外はノーっていう人だって多いはずだけど、沙羅ちゃんは意外な組み合わせほど喜んでくれそうで嬉しい。そして王者であってもまだ19歳の女の子ですよね♪ というあたりも意識して、納豆だけどテラスが似合うランチに仕上げてみたい。笑。

北海道出身、魚が好き、タコ飯が好き。そんな聞き込みもプラスして、まずは《タコと納豆の揚げおにぎり》。粉チーズを加えた衣はカリカリで、中身はもっちもち。辛いものが好きって分かっていたら、半づきにしたごはんに豆《トウ》板醤《バンジャン》を混ぜたいところ。きっと割った時の色もきれい。《季節の野菜とスモークサーモンのサラダ》には豊富なビタミンで人気のケールもチョイス。ドレッシング代わりのたまごソースは、スクランブルエッグと生クリームをミキサーにかけて調味して、ひきわり納豆を混ぜてとろとろに。雪景色に見立てた《白雪汁》はウケ狙い。ホタテのすり身と山芋と卵白をよく混ぜて、あさりだしのスープに流し込めば面白いほどふわふわに。茹でたインゲンをふたつに割って、スキー板に見立ててみたんだけど、気づいて笑ってもらえるかなあ。

冬季オリンピック3大会（ソチ・平昌・北京）の日本代表をはじめ、ワールドカップでは男女歴代最多の63勝、シーズン個人総合優勝は4度獲得（2024年時点）という圧倒的な経歴を持つ女子スキージャンプの選手。北海道出身。（2016年8月号掲載）

海鮮ナットーランチ

こころのゲスト3

オバケのQ太郎さん

ねえ、見てください。このフォルム、
このポーズ、このウィンク!
100パーセント無邪気な幸福感を
表わす姿として、これはもう国宝級。
白いごはんがお腹いーっぱい食べられたら
それでもうバンザーイ、きっとそんな彼なんだけど、
ここはちょっと腕まくりさせてよね。

ドラえもんもアンパンマンも素晴らしいけど、私はやっぱりQちゃんだ。アニメをちゃんと見ていた訳ではないけれど、貯金箱になってるオバQと遭遇したその瞬間から、このヤッホーオーラにグッときちゃった。以来、いつでも目の届くところにそっといてもらってる。ピースの神様。

ごはんは一度にかるーく20杯。そんなQちゃんだから、とにかく何かの大盛りを作ろうって、変な部分からスタートした今回のメニュー作り。ドカンといけばなんでも喜んでくれそうだけど「彼には歯がない」ってことには気を配らなくてはいけないな。ただ胃腸はめちゃくちゃ丈夫そう。小さい固形物くらいならオッケーなはず。

いつもの定位置、リビングの窓辺でウィンクしてる貯金箱のQちゃんをぼーっと見つめていたら、ある光景が浮かんできてしまった。青空に架かるみごとな虹の上をバンザイしながらうれしそーに滑ってくるQちゃんの姿。そしてそのだよ~んなピンクの唇からは、これまた虹色の麺がチュルチュルと踊っている。いい光景だあ。笑!

さて、思いついちゃったからには真っすぐ再現を。7色のソースでモリモリなスパゲッティ。①じゃがいもとマッシュルームのソースはクリーミーに。②黄色いパプリカのソースはカレー風味。③人参と赤いパプリカのソースの隠し味はベーコン。あ、そうそう、彼は人参嫌いらしいけど、こんなソースなら大丈夫かもって、わざと挑戦してみようかと。④トマトベースのソースには少しだけ挽肉も。⑤紫キャベツのソースはクリームチーズで色彩調整。⑥黒米とナスのソース。ごはん好きだから穀物も使ってみた。麺のソースに変?　いやいや、楽しい仕上がりになりました。⑦緑色のソースはアスパラ、バジル、ケール、ミント、パセリ、ニンニク、粉チーズ、オリーブオイルでフレッシュな仕上げ。麺の茹で加減はアルデンテじゃなくて、もちろんオーバーボイルドで柔らかめです。一キロ茹でたけど、残さないよね。

生活ギャグ漫画の主人公。藤子・F・不二雄と藤子不二雄Ⓐの共著作品。初登場は1964年、『週刊少年サンデー』誌上。翌年にはアニメ化され、テレビ放映が始まりブームに。新装版『オバケのQ太郎』全12巻（小学館）が好評発売中。©藤子プロ・藤子スタジオ（2016年9月号掲載）

虹色1000gスパゲッティ

フリーダ・カーロさん

メキシコの太陽にも負けないほど
鮮やかなドレスの下には、骨の痛みを押さえつける、
それはそれは頑丈な革でできたコルセット。
知れば知るほどア然としてしまう
フリーダ・カーロの一生に、店先のメロンを見て
一瞬で思いついてしまったひと皿を、真っすぐに。

はじめはね、ちょっと好きなふりをしたのだった。

メキシコへ行くと決めてガイドブックを開いてみるまで、フリーダのことなんてなにも知らなかったのに、彼女の作品や生まれた家を見に行くプランを立てたのは、なんとなく名所旧跡を見に行っちゃう人の気持ちとあまり変わらなかったように思う。

その旅ではオアハカの市場に夢中になって、フリーダのことをそれ以上ほりさげもしなかったけど、たまたま入った書店で『フリーダのフィエスタ』という美術本みたいな料理本を見つけて買って帰ってきたので、私とフリーダの縁はなんとなくその後も切れないでいた。

それが今年になって『フリーダ・カーロの遺品』というドキュメンタリー映画を見たのをきっかけに「抱きしめてあげたい女性ナンバーワン」に急浮上。病気も事故も結婚も、激しいにもほどがある彼女の47年間は孤独と真っすぐ向き合い、そのすべてをリアルに絵にしまくっていったところが泣けるほどかっこいいのです。

さあてスープを作ろう。フリーダがよく知ってる食材をいっぱい使って、それでいてハッとするようなスープになったら、一瞬でも体の痛みを忘れてくれるかもしれないし。

種を取ってニンニクとすり潰した青唐辛子。生ハムの切れ端とイリコで取った出汁。カットしたメロン。玉ねぎとセロリのスライス。ライム果汁。まとめてミキサーで気の済むまで滑らかにして塩やナンプラーで微調整。とうもろこしとアボカドと生ハムのかき揚げはギリギリの水と粉でカリカリさくさくに。トマトやコリアンダーで薬味のようなサルサ・メヒカーナ。ディルをまとった海老。その横にはスパイシーな豆のディップ。

カカオと竹炭の粉を練りこんで焼いた天然酵母パンはお尻みたいになっちゃったけど、なんとなくメキシコ。スモークサーモンと脱水ヨーグルトで作ったディップを添えて。夏のスープという意味のソパ・デ・ベラーノで抱きしめる。

メキシコを代表するシュールレアリズムの画家（1907〜1954年）。夫は壁画作家としても有名なディエゴ・リベラ。6歳で発症したポリオで右脚の成長が止まり、18歳で遭遇した交通事故の後遺症も加わり、軋む肉体に耐えながら作家活動をつづけた。※写真は書籍『Frida Kahlo : Making Her Self Up』（私物）より（2016年10月号掲載）

メロンと青唐辛子のソパ・デ・ベラーノ

こころのゲスト5

さかなクンさん

ふと80歳になったさかなクンを想像してみた。
まいったな。めちゃくちゃカッコイイ。
純粋なまんまちょっとシックで。
魚を知りつくしたい、
その命をいただく時は食べつくしたい。
その思いを無垢にまっとうする人に、
夢中で料理できました。

さかなクンに肉料理はないでしょう。逃げちゃだめ、って自分に言い聞かせるところから始まった。

ジリジリと感じるプレッシャー。ああ私はほんとに弱い、無垢で真っすぐで才気あふれる人に。自分も同じタイプに見られたがる。

私こそさかなクンが作る魚料理を食べてみたいよとかつぶやきつつ、ふっと思いつきを捕まえた。

同じ魚を塩を変えて食べてもらうのはどうだろう。生で、焼きで。

料理人としてはずいぶん遅まきながら、今年やっと私に塩ブームがやって来ていて、あちこちから塩を集めては舐めていたところ。楽しんでもらえるんじゃない？

ところがもうラフスケッチを描かなくちゃと思ってもなんだか乗らなくて、ぐずぐずと9年前にさかなクンが出版したレシピ集をめくったりしていた。そして《衝撃的なタコとの出会いがボクの人生を変えてしまったのです》というコラムを見つけ、その途端、ああ、やっぱりワタシ逃げてたと、はっきりとね、分かった。

なーにが塩の違いじゃー、そんな頭でっかちなこと！

小学3年生の彼が爆発的な純度で興味に向かっていくスーパーエピソードに力んだ心をすっかり溶かしてもらい、晴れ晴れとタコでいこうって決めさせてもらいました。

とにかく柔らかく仕上げること、どこかファニーな可愛さがでること、タコへのリスペクトをまるごと表現しようと取りかかったカレー作りはとても楽しかった。

米糠でしっかりヌメリを取った佐島のタコを大根とコブミカンの葉と一緒にひたすらゆっくりと煮上げて。他に合わせる具はインスピレーションゲームのように「タコに合うもの」胡瓜！がんも！牛蒡！トマト！って決めていって。使ったスパイスはニンニクと生姜を入れて数えたら20種類。かつおだし使って、ヨーグルトも使って。いちじくを麻辣醤《マーラージャン》でソテーしたものをチャツネのように添えたり。

あー、書ききれません。でもタコの頭にパクチーをのっけた時、ギョギョッて声が聞こえたよ。笑。

多数の魚やその調理法についての知識があり、実際に食べた魚が500種以上にものぼるという。東京海洋大学名誉博士をはじめ、海洋に関する物凄い数の大使や委員に任命されている。絵のうまさやサックス奏者としての実力も知られるところ。
（2016年11月号掲載）

タコ様カレー

こころのゲスト6

吉本ばななさん

もしも私が小説を書くようなことに
なったとしたならば、そのタイトルはやっぱり
『キッチン』がよかったな！
デビュー作に飛びついて以来、
ずっと好きな作家、吉本ばななさん。
今日は飾らず芯のある料理をしなくちゃって、
切に思います。

1987年、小説『キッチン』で海燕新人文学賞を受賞。超鮮烈デビュー。その後も立て続けに新作の発表と受賞を繰り返す。その諸作品は海外30か国で翻訳され、とりわけイタリアでの人気が高く文学賞受賞も多数。食べもの好き、音楽好き、ふなっしー好きは有名。Photograph：Fumiya Sawa（2016年12月号掲載）

吉本ばななさんがタケハーナのドアを開けて入ってきた時は一瞬固まった。

だって私は「ばななさんの本」をいっぱい読んできたのだ。料理人になる前、言葉を扱う仕事をしていた頃からずーっと。私にはつかめないモヤんとしてる感情をいつもいつもちゃんと言葉に替えてみせてくれる、かけがえのない作家。そしてどの作品でも料理周辺のエピソードがしみじみ印象的で、それは他のどんな例えよりも私の胸に染みてくる。

緊張のあの夜、食べることをちゃんと愛しているその人に、何を食べてもらったのだっけ？

覚えていない、覚えていないのだけど、家族と一緒に再び来店してくださったばななさんの顔をみた瞬間、今度は私、ホッとして溶けそうだった。

現実のお客様はこのページのゲストにしないつもりだったけど、それもまた不自由な考えだなって気がついて、次はぜひばななさんと思い連絡してみた。そしてこの際だからリクエストを聞いてみることに。すると答えは「粉もん」と速攻でした。私も粉もん大好き。たこ焼きやタコスの誘惑に負けず、ゼロからスタートできたらいいな。

そばがきだって粉もんだよね？たまたま信州で買ってきたばかりのそば粉を眺めていたら、どうもウズウズしてきた。そば粉をゆるめに溶いたり丸めたり、頭の中で繰り返す。ん？皮で包んでみる？何の皮？鶏の皮！だったらはさんだほうがいい感じになりそう。

そば粉と水と牛乳を鍋に入れ火にかけて、力の限りかき混ぜ、少しゆるめのそばがきを作り、いいアクセントになりそうな生ワサビ、オレンジピール、あさつきのみじん切りを次々と混ぜ込んだ。余分な脂をそぎ落とした鶏の皮にはさんで、あとはカリッカリに焼くだけ。塩を軽くして、黒酢やトマトで作ったタレで食べてもらおう。薬味のように野菜もたっぷり添えて。

そしてなんと撮影現場にばななさん参上。食の好みがとても似ていると実感できて幸せでした！

そばがきと鶏皮のはさみ焼き

こころのゲスト7

イブライム・フェレールさん

熱い国の人に、熱々のグラタンだなんて、
普通じゃ思いつきません。
それにはちょっと照れくさい訳があったりしてね。
ひとつの歌をずっと歌いつづけて、
いつでも新鮮なイブライム。
私とマカロニグラタンの関係も、
きっとずっと終わらない。

1927〜2005年、キューバ生まれ。12歳で孤児となり、音楽のみならず、様々な仕事をしながら生き抜いてきた。ライ・クーダーに呼ばれ、ブエナ・ビスタ・ソシアル・クラブに参加してからの輝かしい活躍は世界中が知るところ。その歌声はキューバのナット・キング・コールと称される。※写真はイブライムのソロアルバム（私物）より
（2017年1月号掲載）

かっこいい俳優さんを見たって、この人が彼氏だったらなんて思ったことは一度もないよ！　だけどこの人がお父さんだったらなあって思った人がいた。「ブエナ・ビスタ・ソシアル・クラブ」というバンドのボーカル、イブライム・フェレールさん。もう知らない人のほうが多いのかな。

キューバ音楽に魅せられたライ・クーダーが、世間からすっかり忘れ去られていたお宝のような老ミュージシャンひとりひとりに声をかけて、いっしょに作り上げたアルバムがグラミー賞を受賞、世界を席巻し、ついに憧れのカーネギーホールで喝采を浴びるまでの日々を巨匠ヴィム・ヴェンダースがていねいに写しとった映画があるので、ぜひぜひ。艶があって切なくて、喜びあふれる演奏と歌はずーっと聴いていられる感じ。

そしてこのドキュメンタリーにはメンバー自身のモノローグもいっぱい収められていて、それがほんとうに魅力的。「音楽で生活ができなくて、宝くじを売ったり、ゴミ収集をやったり、靴磨きをしているけれど、それをひとつも恥じることはない。これで家族を守れるのだから」と語っているイブライムの毅然とした横顔が私は大好きだ。強く正しく少年みたいな姿。

私の実の父はといえば、醸し出しているすべてがイブライムとはまったく逆なムードの人だった。見栄っ張り。世間体のことばかり言う。なので大学生になった頃の私は「お父さんってどんな人？」って聞かれると、「自民党の代議士みたいな人」って答えたりしていた。このあたりの感情がまぎれもなく、イブライムのことを「この人がお父さんだったらな」って思ったベースなんだろうな。逆ファザコンですね。

そんな父とのいい思い出を探すのはそうとうむずかしいのだけれど、私の料理の出発点ともいうべきマカロニグラタンを作る時、ふと思い出すあるシーンがあって、その思い出だけはやけに温かい。

小学生だった私にとって唯一の外食はデパートのお好み食堂で食べるマカロニグラタン。何度そこに連れて行ってもらっても、他のメニューに脇目もふらず、ホワイトソースの魔力に取り憑かれていた。世の中にはこんな美味しいもんがあるんだなあって。

そしてある日、家にオーブントースターがやってきた。とうとう自分でグラタンを作れる日が来たわけです。穴があくほど眺めたレシピを片手にキッチンに立った6年生の私。結果は惨敗で、とろりとするはずのホワイトソースはびしゃびしゃで。今の私ならあの時の私に小麦粉をもっとしっかり炒めなきゃって、アドバイスしてあげられるのだけど。これじゃスープマカロニだよ。なのに父は言いました、「でも、味は美味しいよ。お店で食べるのと同じ味だよ」って。今の私なら、そんなことあるかーい！って突っ込むところだろうけど、あの日の私はその父の言葉がとても嬉しかった。けして嘘に聞こえなかったのだ。

パパ・イブライムへの料理は父とのそんな思い出もかぶらせてマカロニグラタンに決めた。12歳の初トライから作りつづけてきたけれど、ベストワンをめざして鶏とカリフラワーのマカロニグラタンを。

鶏もも肉は余分な脂をとって、ひとつまみの塩をして一晩寝てもらい、表面をさっと炙っておく。いい塩加減で茹でたカリフラワーとマカロニ。ホワイトソースにかつおだしを加えると好きな味になると気がついたのはいつだったっけ。隠し味に醤油とお酒はハタチの頃から。オーブンの中で煮詰まることをイメージしての味見はいつだってドキドキする。どこかにキューバスペシャルな気分を、とひらめいたのは赤唐辛子のチーズフリット。タバスコより美味しいアクセントになったみたい。そして3色のポテトチップス、作りました。たしかキューバではじゃがいものことパパって言うし、笑、花束の代わりに見えたらいいな。

Dear IBRAHIM FERRER

はじまりのマカロニグラタン

こころのゲスト 8

赤毛のアンさん

この連載のおかげです。
好きな人のことばっかり考えている。
すっかり忘れちゃってる「夢中だった存在」の
ことを思いだした瞬間、すごく得したような、
なんとも言えない嬉しさがあふれだす。
赤毛のアン！　そうそう、あなたが食べてる
おやつが羨ましかったな！

お久しぶりです、アンちゃん。私があなたに夢中になったのは中学校1年の時でした。図書館にあったシリーズ全10冊、返しては借りて、止まらなかったな。

何がそんなに私を虜《とりこ》にしたのでしょうね。アンちゃんの好奇心の矛先が刺激的だったり、登場する大人たちのキャラに異国の風を感じたり、いろいろあると思います。でもね、私の脳裏に焼きついているのは、摘みたての果物で作ったシロップやジャムがガラス瓶に入って、窓辺に並んでいる風景！　聞いたことのない植物の名前が出てくるたびに、ぽかーんと空を見上げて味を想像していたっけな。

だからね、アンちゃん、今日はもちろんジャムが主役です。春夏に仕込んだジャムを使って、クリスマスのおやつを作るっていうイメージですよ。

ジャムといえば先日、友人が南アフリカで買ってきたというオリーブのジャムを食べてびっくり。甘さの中にほどよく感じる塩味がたまらなく美味しくて。オリーブでジャムなんて考えてみたことがなかったから嫉妬しちゃったほど。これ、ぜひ再現してみたい。

生のオリーブの実が手に入らなかったけど、浅漬けのグリーンオリーブの種を取って、手で裂いて、初夏に作ったマーマレードといっしょに鍋に入れて、カルダモンとシナモンとお水を少し。とろっと煮詰まってきたら火を止めて、風味づけにオレンジのリキュールを。そう、この味、この味！　パリパリの木の葉パイにのせて焼いて完成。ツリーのベースにはチョコレート、マスカルポーネ、牛乳、卵、小麦粉、ミネラル豊富な黒糖、香り高いクローブのパウダー、いちじくのジャムをミックスして、じっくり焼きあげたしっとりケーキ。そしてアンちゃんの髪の色に思いっきり愛をこめて作った、ふわふわの豆腐ドーナツには甘い人参をたっぷりと。フレッシュなカスタードクリームを挟みながら息をころしてすべてをそっと積み上げて、粉砂糖を混ぜたチーズの雪をたっぷり降らせてみたよ。

カナダの作家、L・M・モンゴメリが1908年に発表した長編小説『赤毛のアン』の主人公。生後3か月で孤児になったが、プリンス・エドワード島に住む老兄妹に引き取られて以来、その美しい自然の中で次第に「らしさ」を発揮。その想像力たるやハンパない。基本的にロマンチック。※写真は『赤毛のアン』洋書版（私物）より（2017年2月号掲載）

甘じょっぱいクリスマスツリー

こころのゲスト9

笠《りゅう》智《ち》衆《しゅう》さん

自然がいちばん！
これ、笠智衆さんの口癖だったそうです。
ああ、いいなあ。似合うなあ。説得力あるなあ。
だけど実年齢若くして、
お爺さんの役も自然にこなした名優さん。
笠智衆さんには余計な境目が
ないような気がして、ある境目の献立を。

1904年生まれ。日本屈指の映画監督である小津安二郎に見出され、小津作品には欠かせない存在となった名優。最後の作品は1993年、亡くなる3カ月前に封切られた山田洋次監督の『男はつらいよ 寅次郎の青春』。88歳、生涯現役だった。独特なせりふ回しはいちど耳にしたら忘れられない。※写真は映画『東京物語』（私物）より
（2017年3月号掲載）

久しぶりに笠智衆さんをたくさん感じて過ごしていた。主演映画を夜が明けるまで観たり、電車に揺られながら笠智衆さんが特集された雑誌を読みふけったり。ああ、やっぱりいいなあって、美味しいかつおだしのおつゆを飲んだあとみたいな気持ちになる。しみるんです。

でも、ごめんなさい。今日は笠智衆さんが好きな煮魚や稲荷寿司のことなど全然無視して、私が食べたいものばかりを並べさせていただくことに決めました。それはこの世の最後に私が食べたい食事。笠智衆さんが登場するシーンにはいつだって「生と死」がちゃんと一緒に存在しているなあと思ったら、この世とあの世の隙間に味わうごはんのことしか考えられなくなっちゃって。新しい年のはじまりに、そんな話をするのもよいなあなんて思ったり。

かるく炙ったタラコのおむすび、これはもうずいぶん前から決まってる。そんな話題になるたびにぐーっと思い詰めて出した答えでたぶん不動です。ちょうど生のスケソウダラの卵が手に入る季節だったので、自家製のタラコを作ることができた。砂糖でしっかり脱水してから昆布と塩で本漬けして冷凍庫で寝かせてみたらとてもいい感じ。いつもなら海苔を巻くところだけど「その日」にはいらない気がした。歯に海苔が付いたまま旅立ちたくないからかな。

さらに献立としてイメージしてみようと目をつむったら、大好きなものがするすると浮かんできて、あっという間に食事風景が整ってしまった。おむすびをもうひとつ。梅おかか。上等な削り節を炒ってひらひらさせてあげる。赤紫蘇で漬けたガリ！もう大好物ですから。おつゆは静かに茗荷だけでいいな。かつおだしの香りはあの世まできっと連れて行く。ああ、菊。しっかり茹でて冷水で洗い、おひたしにするともう止まらない。そしておしまいに出来たてのつぶあんをひとくち。塩の結晶をのせて。

これ、笠智衆さんと一緒に食べたい食事とも言えるみたい。

むすびのごはん

こころのゲスト10

ペネロペ・クルスさん

アカデミー賞もとっているけれど、
ハリウッドスターとはちょっと違う。
セレブなのだろうけど、
セレブという言葉が邪魔になるような感じ。
スクリーンの中にはいろんな美貌が
存在しているけれど、ペネロペ・クルスの
いい案配が私は羨ましくてしょうがない。

ヘプバーン並みの美貌と理想のエッチ度。私の好きな女優さんはハリウッドじゃなくて、やっぱりラテンの国にいた。アルモドバル監督作品に欠かせない花、ペネロペ・クルスさん。ずいぶん前からベジタリアンだというこの羨ましいぐらいチャーミングな人に、今日はロケ弁を差し入れしたいと思います。

ベジタリアンといっても乳製品はオッケーとか、卵も食べますという場合もあるみたいで、メニューを考える前にそこのところを細かく確認しないと大変なことにもなる。彼女の場合を調べていたら、魚は好き、という記事が。え？それはまたおおらかな。笑。ほんとかな。でも、私は魚も食べる人をベジタリアンって呼ばないのでここはしっかり野菜と豆製品と海藻にしぼってがんばらせてほしい。かつおだしも封印です。華があって素朴。そんなペネロペイメージのベジタリアンちらし寿司を。

赤紫蘇梅酢と赤米を入れて炊いた酢めし、量は少なめに。そして具は多めすぎて説明が追いつきそうにないけれど、まずホウレン草。茹でて刻んでカシューナッツ和えに。小さな黒豆と芽ひじきは昆布だしで煮あげ、エキストラバージンオリーブオイルで仕上げ。大豆加工品からは油揚げ。甘さ控えめでもしっかりと味つけ。椎茸はココナッツオイルでソテーして、最後に醤油で香ばしく。紫色のジャガイモはオリーブオイルで生姜炒め。ビーツは茹でてからややスパイシーな味つけ。芽キャベツは素揚げして塩。そして揚げナスは醤油バルサミコ風味。インゲンは茹でて昆布だしのおひたしに。小さいトマトは湯むきしてから梅味のピクルスに。お口直しのドライアンズ、麻辣醤風味できっとびっくり？

添えたスープは数種類のハーブ野菜と少しのお米で作ったココナッツミルク風味。ぴょこんと飛び出しているのはゴボウのフリット。

演技だけじゃなくて歌も踊りもみっちり基礎を積んできた彼女に見透かされないよう、すべての下ごしらえを心してやりました！

1974年、スペイン・マドリード生まれ。アルモドバル監督作品の映画に立て続けに出演し国際的女優に。ウディ・アレン監督の『それでも恋するバルセロナ』でアカデミー賞助演女優賞に輝く。その映画でも共演した旧知のスペイン人俳優ハビエル・バルデムと結婚、2児の母でもある。※写真は『ボルベール〈帰郷〉』DVD（私物）より
（2017年4月号掲載）

ロケ弁・ベジタリアンちらし

こころのゲスト11

菅田将暉さん

俳優の菅田将暉さんはどんな人ですか？
この質問に誰かが答えたそばから、
違う菅田くんが新登場してきそう。
もしかしたら、その時に没頭している役柄で、
食の好みも変わっちゃう？
そんな疑いも抱きつつ、
ふと素に戻れるごはんを目指してみます。

流し目の高校生、副業がカミナリの鬼、坊主頭の球児、ばらばらなタイミングでコノヒトイイナと思っていたら、同じ俳優さんだった。ぜーんぶ、菅田くんだった。

えーっ？ と思って気になって、出演している映画を見はじめたら止まらなくなった。このひと、半分サイキックだ。だって役作りって言葉がピンとこないほどの乗り移り感。その役によって、表情筋まで違う感じ。演じる役のリアリティを求めて、体重を調整したり髪形を変えたりはあたりまえなこととして、その先は「強く想って翔ぶ」みたいなことなのかな。その能力が普通じゃないみたい。

私も取り憑かれたように、夢遊病のように、料理がしたいなあ。ただひたすら食べる人の高揚した顔を思い浮かべて。

菅田くんの食の好みを探るのは大変じゃなかった。辛いもの、好きだよね？ きっとサイキックの脳にはカプサイシンの刺激が必要。

まず、ラー油、作りました。ちょうど仕込むタイミングだったので特別感満載、具多めで。胡麻油、唐辛子、にんにく、葱、実山椒、豆豉《トウチ》、黒胡麻、黒糖、ウコン、いい香り。

頭に浮かんだのは、それを仕上げに使う麻婆アイコなるもの。ちょっと古い情報だけど、菅田くんは麻婆豆腐が好きで、自身でもスーパーなのを作るというので勝負です。笑。挽き肉はラム、豆腐の代わりにアイコという名の濃いミニトマトの皮をむいたものを。ラムと豆板醤を炒め合わせている時にふと手が動いて、やっぱりクミンをいれてしまった。火を止めてから回しかけたラー油と相まって、お腹が鳴る香り完成。

いっしょに食べて欲しいとひらめいたのは、レンズ豆とジャスミンライスに青唐辛子とターメリックを加え、ココナッツミルクでしっとり炊き上げたごはん。この際、チーズものせてオーブン仕上げ。カリカリに揚げた椎茸といろんなハーブ野菜を刻んで添えたので自由に混ぜてくださいね。実はキムチも漬けたんだけど食べるかな。気に入られようとしすぎ？ 笑。

2009年『仮面ライダーW』でデビュー。映画『あゝ、荒野』で第41回日本アカデミー賞最優秀主演男優賞を受賞。主な主演作品は映画『ミステリと言う勿れ』『サンセット・サンライズ』など。©羽田誠（2017年5月号掲載）

麻婆アイコ×スパイシーミルクライス

こころのゲスト 12

すずさん

『この世界の片隅に』を見終わって、
映画館の外に出たら、東京の夜なのに、
無数の星が瞬いているような気がしてしまった。
主人公すずさんの健気さにあこがれる。
こんなに戦争を感じながら、
こんなに優しい気持ちにさせられるなんて。

こうの史代氏により『漫画アクション』で2007年から連載が始まった『この世界の片隅に』の主人公。長い制作期間を経て2016年に片渕須直監督により映画化され一気に注目を集めた。声優を務めた「のん」の表現力も話題に。©2019こうの史代・コアミックス／「この世界の片隅に」製作委員会（2017年6月号掲載）

私は自分の脳みそがしょっちゅう怖くなる。ものすごく感動した映画も、しびれまくった小説も、次の朝にはほとんどの内容を覚えていないのだ。ずっと昔からそうだった。なんなら病名のひとつもついていそうな悲しい症状だ。

ところが、です。映画『この世界の片隅に』は私の脳にいったいどんな刺激を与えてくれたのだろう。覚えているんです、鮮明に。すずさんの声の魔法なのかな。アニメーションという手法が、今までにないくらい戦争を身近に感じさせてくれたことにも驚いた。

そしてやっぱり台所のシーンには釘付け。戦争当時のリアルな食材と、すずさんが歌うように料理をする姿を私は深く胸にきざんだよ。どんなに苦しい場面が訪れても、料理をするときはまっすぐ夢中でいたい。そこにいる人が生きるために食べてくれるのだもの。

今回はすずさんの台所にお邪魔して、さつま芋を使ったおやつを作ろうと思います。

遊女のリンさんと交わした会話の中にアイスクリームが出てきたのだけど、すずさんはアイスクリームの存在を知らなくて、とても食べたそうだったから、そんな感じのものを作ってみたくなっちゃって。皮をむいてカットして水にさらしたさつま芋を水と貴重な砂糖を少し加えて煮あげたら、お豆腐といっしょにすり鉢へ。トロリンと滑らかになれば出来上がり。片手でひょいと食べられる、ソフトクリーム仕立てにしてみたよ。時代をちょっとだけ先走りしてね。コーンの代わりは小麦粉を薄く水でといて焼いたもの。

さっきむいた皮も水にさらしてアク抜きしてからよく水気を拭いて、同じように細く切った海苔と重ねて結びます。そう、すずさんの実家は海苔屋さんだから一枚拝借。薄く粉をはたいて少しの油で揚げ焼きにしたら、あとは大学芋を作る要領で、油と水と醤油と砂糖を煮詰めた中に揚げた皮をいれ、蜜をからめたら出来上がり。おやつは贅沢だけど、心のものすごい栄養だから、工夫するのは楽しいね。

さつま芋のソフトクリーム・海苔と皮のかりんとう

こころのゲスト13

岡本太郎さん

前はぜんぜん見えないし、
大変かもしれないけれど、
どうしてもこっちの道をまっすぐ行きたいんだ、
というような日々に岡本太郎さんの
『強く生きる言葉』を私はぎゅっと抱きしめた。
たくさんお世話になったお礼もこめて、
野生のまんま料理しますよ！

子供の頃は苦手だったけど、大人になったいつの頃から、大好きになった食べ物がある。みょうが、ピーマン、コハダの握り。そして岡本太郎さん。笑。その作品や言葉は、食べたとたん、すぐにエネルギーになってくれるスーパーフードみたい。

小学生の時に出会った《太陽の塔》はなんだか気味が悪く、なるべく目を合わせたくない存在だった。なのに、今じゃキーホルダーになったそれをお守りのように持ち歩いている。この変化はなんだろうな。思えば恋愛にまつわる大変さを味わったり、仕事について深く考えるようになったり、つまりは苦いとか、痛いとか、哀しいとか、そういうキツい感情を知った後に太郎作品が発する威力に惹かれはじめた気がします。

太郎さんの爆発する作品の真ん中には人の生々しい感情がみっちり詰まっているんだなって、子供には理解できなくても仕方ないよ。

「食べ物に挑む」という力強い文章も残している太郎さん。

今日は骨つきの豚ロースにかぶりついていただきます。豚肉は塩を揉み込んで密封し、3日ほど寝かした後、ニンニクの香りのオイルで、特に脂部分を焼きつけてからオーブンでじっくりと。肉の高さの3分の1あたりまで牛乳とお酒を注ぎ、湿度を保ちながら約2時間。ホイルで包み30分休ませた。そしてお皿全体の構成は和食の要素をたっぷり借りて、驚きながら、あっという間に最後までさっぱりといけるようにと、まずは黄金たまご。黄身の味噌漬けです。ちょっと太陽も意識した。笑。私好み全開になっちゃうけど、花わさびの醤油漬けと矢生姜の甘酢漬け。保存のことは考えず、お肉にジャストな塩梅で漬けました。春キャベツは網で炙って粗塩をぱらぱら。バターを焦がしていきながら、最後にみょうがと出汁と醤油を加え、お肉の上からジュワッと。そしてすべての汁を受けとめてくれるよう、炊いたもちきびを敷きつめた。作りながら、太郎さんがこのお皿に挑む姿を何度空想したことか！

神奈川県川崎出身。東京美術学校中退後、1929年、パリへ。ピカソに衝撃を受け、抽象芸術に目覚める。帰国後、1970年に開催された大阪万博にて《太陽の塔》を発表。絵画、オブジェ、書物、テレビ出演とその活躍の場を広げていった、日本屈指の芸術家。©岡本太郎記念館
（2017年7月号掲載）

骨つき豚ロースと黄金たまご

こころのゲスト14

秋元 梢 さん

顔だけじゃなくて、声にもきっと
心の深いところが滲みでてしまうはず。
ラジオから流れてくる秋元梢さんの声を
聞くたびに、この人は決してテキトーなことを
言って、誤魔化したりしない人って
すごく安心した気持ちになって、
野菜の細切りも綺麗にできるから不思議。

日々、ラジオを聞き流しながら料理をしている。秋元梢さんの声が聞こえてくると「あ、今日は日曜日だ」って全身で理解する。

ちょっとアンダーめの、はしゃがないトーン。私の心を落ち着かせてくれる、嘘が滲まない声。好きだなあ。助かるなあ。一緒に仕事したり遊んだり、私のそばにはそんな秋元梢さん的声の持ち主がいてほしい。やや興奮しがちな私が情熱をキープしながら落ち着いていられそう、素直でいられそう。そんな感覚。声を先に知ったあとで、ファッション誌を飾る秋元梢さんをはじめて見たときは、ちょっと驚いた。思った以上に凛々しくて。ヘアもメイクも時代のムードに流されず印象的。ああ、この人は絶対にいい加減なことは言わなそうって、なんだかぐっと確信してしまった。

さてなに作ろう。素朴、だけどスタイリッシュ。ハンバーガーなんてどうだろう。かぶりついたら口紅が取れてしまって申し訳ないけど、ちょっと素顔が覗けそう。

1987年7月27日、東京生まれ。2009年、ファッションモデルとしてデビュー。キャットラインと呼ばれるアイメイクと前髪をまっすぐにそろえた長い黒髪が印象的。ファッション誌に連載を持つなど、活躍の場を広げている。（2017年8月号掲載）

無農薬のレモンをもらった時に塩漬けしておいたものがちょうど使い頃になっていたので、まるごとの牛タンにそれをすり込んで、3日ほど置いてから、かつおだし、お酒、醤油、生姜やにんにく、ネギやセロリの葉っぱと一緒に鍋に入れ、柔らかいんだけど、柔らかすぎない程度に煮込むこと3時間。それをどーんと1枚、厚切りで。嘘つきという意味の二枚舌は梢さんに似合わないもん。笑。別の食事会のために作っていた「じゃがたら」が牛タンに妙に合いそうだったので、これも挟むことに決定。パリの市場で買った塩漬けの干し鱈と蒸したじゃがいもをマッシュして、ワサビをアクセントに。細く切った新ごぼうは生姜とキンピラに。そしてトマト。つけ合わせにはオクラとラディッシュのピクルス、醤油焼きのヤングコーン。そして梢さんの赤い口紅に触発されて思いついたスパイシーな苺ビールはチリとライムが絶妙かも。美味しくなかったら美味しくないって言っていいからね。笑。

牛タンバーガー＆スパイシー苺ビール

こころのゲスト15

別府倫太郎さん

別府倫太郎君の職業は、別府倫太郎、なのだと思う。
すでに哲学者みたいで、いつか大作家と呼ばれる
人になるのだろうけど。物心ついた時から、
「見て感じて考える」ことがあたりまえな
倫太郎君はこの日もあたりまえなことのように、
新潟から感じに来てくれました。

たとえば。ほんのちょっとの揚げ物をする時に、油きりのバットを用意するのはめんどくさい。そういう時に決まって登場する魔法のフレーズがあります。「これが最後の料理になっちゃうとしても、そうするの?」私は水に打たれたようにシャキンとして、こうした方が美味しいよねというベストな方法をよどみなくチョイスできる。生きることと死ぬことは裏表。これはほんとうに大事な哲学って、いくら思ってみても、いまだに私ったらこんな程度でしか「いつ死ぬかもしれない」ことの意味をつかめていない。

ああ、別府倫太郎君!小学3年生で学校には行かないと決意した雪国に住む作家、というか、14歳の哲学者。今年、出版された彼の本を読みながら、私は何度もため息をついた。見る見る見る、深く見る、そして考える。うんと小さい時から倫太郎君にとってはそれが普通。そして書く。真剣に書く、風のように書く、笑って書く。幼くして重い二つの病気を抱えることになったのがきっかけかもしれないけれど、生きると死ぬを頭だけで捉えているのではなく、いつも彼の全部で感じている。私とは大違い。すっかりファンになってしまったよ。

2002年生まれ。新潟県十日町在住。5歳で全身性の脱毛症、さらに小児ネフローゼという腎臓の病気を発症。小学3年生で学校に行かないことを決意。以降、インターネット上で作家としての活動を開始。著書に『別府倫太郎』(文藝春秋)。現在はアーティストとしても活動中。(2017年9月号掲載)

ぜひ倫太郎君にラブレターを受け取ってほしく連絡を取ったら「食べてみたいです!」という返事。なんと十日町から来てくれることに! うわっ、どうしよう。笑。

うん、決めた。物心ついた時からすでにインディペンデントな彼だけど、私のテーブルにつく時は、ずっとずっと子ども扱いしちゃうんだって思いをこめて、あえてのお子様ランチ仕立てにしよう。著書『別府倫太郎』のなかに登場する思い出の食べ物と旬の食材をコラボレーションしてみよう。まずは入院の思い出、海老チリを海老チリナスに。海老を重曹水に浸してプリップリに仕上げる。辛さはとりあえず並にしておこう。海老の下には揚げたよもぎ餅。ソースがもったいないし。次は鶏の唐揚げ。とうもろこしをまぶして夏仕様。新潟ならではのちまきは笹の葉の代わりに枝豆で包んだずんだのおはぎに。もち米に自家製のゆかりを混ぜて炊きました。大事なデザートはお日様みたいなスイカの寒天ゼリー、カラフルトマトのレモンシロップがけ。撮影が終わって、倫太郎君とお母さんがほんとに私のテーブルで全身からニコニコしてくれているものだから、私は何度も泣きそうになっちゃった。

おもいで×旬のお皿・倫太郎君のお子様ランチ

小泉今日子さん

小泉今日子さんにはまず、
大きくお礼が言いたいです。
こんなふうに自分が何十代になろうが、
絶え間なく、ずっと好きでいられる芸能界の人、
ちょっとやそっとじゃ思いつかない。
テレビ以外のキョンキョンがまたよくて、
文章もすごく好き。

顔、ちっちゃーい。今も昔も、生のキョンキョンに遭遇したほとんどの人が、そのことで頭がいっぱいになるんじゃないだろうか。それこそがスターアイドルの証、みたいな気持ちで見とれてしまう。

たぶんそのせいだ。お店（2011年閉店）には何度も来ていただいたのに、顔、ちっちゃーいっていつもドキドキしていて、どんな料理がお好きだったか思いだせない。一生の不覚だ。

グリーンカレー、サンラータン、鍋、ユッケジャンスープ、納豆チゲ、四川麻婆豆腐、ゴーヤチャンプルー、ナンコツ焼鳥、明太子、島らっきょう、トマト。『有名人データベース』によるとキョンキョンの好物はこんなふう。ぜんぶ並べて、今すぐいっしょに飲みたくなってしまうラインナップ。キョンキョンは酔ってる姿もとてもよくて、オンオフ関係なく、すごいオーラがあるのに、すごくナチュラル、かっこいい。

さて、このデータをなるべく網羅してみようと思いついた一皿は、夏に食べたい揚げびたし、なんだけど東南アジア的。しじみ（二日酔いにも！笑）やコブミカンの葉でとった出汁をナンプラーや黒糖で少し濃いめに味を調える。そこへナス、キュウリ、赤ピーマン、いんげんなどを揚げては漬けていく。湯むきしたトマトもそのままいっしょに。ナンコツ入りの鶏つくね、卵と黒ごまを混ぜた豆腐詰めのゴーヤ、水で戻した丸麩、じっくり戻したぜんまい（先月号の倫太郎君のおみやげ！）はかつおだしで和風に調理しておく。一晩寝かせて、ひえひえのしみしみになったらすべての具材をお皿にならべ、ここからが勝負。ミント、バジル、パクチー、小松菜、青唐辛子をミキサーにかけたピュレをしじみ汁に投入。一気に東南アジアへ飛びますよ！お皿ひたひたに注いで、鶏つくねの上には島らっきょう。

実はさっき、小泉今日子著『黄色いマンション 黒い猫』が第33回講談社エッセイ賞受賞というニュースが！ うーん、もっとお祝いムード、出したかったなあ！

神奈川県生まれ。日本テレビ系のオーディション番組『スター誕生！』に出場し合格。歌手デビュー。数々のヒット曲を放つ。その後、俳優として、文筆家としても高い評価を受ける。さらに自らが代表を務める制作プロダクションを設立、舞台、映画などのプロデュースにも従事。（2017年10月号掲載）

東南アジア的・煮びたし・揚げびたし

こころのゲスト17

博士さん

数字アレルギーかもしれない私が
うっかり引きこまれてしまった
博士が語る数学の世界は
風になびく田園風景を眺めるみたいに美しい。
ほんとうに気持ちよくなる一冊。
ほんとうに純粋な博士。
ありったけの愛をこめて、
チャーミングなお皿を作らせて、神様！

今日、お招きする愛しい愛しいゲスト、実はあまり食べることに興味がないみたい。食事中も数式に想いを馳せていることが多そうで、そこにあるものを無意識に口に運んでいるだけのよう。ただ、そこに人参が混ざっていようものなら、これまた無意識にきっちり食べ残す。メニューを考える糸口はたったこれだけ。充分です。だって私の特技かもしれない、嫌いな食べものを美味しく食べさせてしまうこと。春菊嫌い、レバー嫌い、トマト嫌い、数々の○○嫌いに、そうとは知らず、無意識に料理して、奇跡を起こしてきました。笑。何故そうなのか、自分では解けない謎なんだけど。

　デザートみたいに見える人参のムースは卑怯かな。堂々と人参を使い、しかも気づかず食べてくれるもの、最初のインスピレーションのまま、これでいくことにした。人参メインで玉葱、セロリ、パプリカを少しずつ、ニンニクと一緒にオリーブオイルでソテーして、かつおだしを加えて静かに火を通す。ミキサーでなめらかにしたらゼラチンと牛乳を。別に泡立てた生クリームと合わせて型に流し込んで冷やし固める。カルダモンやコアントローをちょこちょこ使って、鮮やかな風味をめざした。ムースの頭にはかすかにマスタードを効かせたとうもろこしのソース。お皿全体がサラダになるように、小さくて黒いレンズ豆やインゲン、コリンキー、マイクロトマト、そしてはじめて買ったレスターシャーレッド。博士を思いながら市場をぶらついて見つけたチーズだ。時々指でつまんで、味のアクセントに食べてくれたらいいな。

　さてさてさて、博士の気を引く最大のパフォーマンスに数字パン！博士が大好きな阪神の江夏投手の背番号、そして完全数（あ、調べてみてね）の28。これを人参の天然酵母で作ることを思いついた時は、そりゃあもう。この酵母を完成させた苦労話とか、博士に夢中でしゃべりそう。大丈夫、80分あれば大丈夫。

第55回読売文学賞、第1回本屋大賞を同時受賞した小川洋子著『博士の愛した数式』の登場人物。交通事故による脳の損傷で記憶が80分しか持続しない元数学者。64歳。数学と子どもと阪神タイガースにそそぐ愛が純粋で果てしない。
（2017年11月号掲載）

人参のムースと天然酵母の数字パン

こころのゲスト18

梅 佳代さん

梅さん、佳代さん。
私の中では《ウメカヨ》という
ひとつのかたまりで、ある発明につけられた
名前みたいなイメージになっているかも。
可愛く愛しい瞬間をそこらじゅうで見つけて
しまえる感覚を発明した人。
写真集をめくっていたら、
ポーンとメニューが飛びだしてきました。

美大に通っていた時、写真の授業というのが一年間の必須科目になっていて、カメラをぶらさげては町中をさまよっていたことがある。なんだか苦しかった。何を撮っても先生にダメ出しされそうで、素直になれなかった。

いろんな写真集を眺めては不思議だなって思う。きっと私も似たような風景を見ているのだろうに凄いなあって。知ってる町並みが超グラフィカルになったり、そうかと思えばしーんとノスタルジックになったり懐疑的になったり、写真家それぞれ、さすがのまなざし。だけどももしも「写真家の目、レンタルします」っていうサービスがあったなら、私はぜったい梅佳代の！ 周りの人たちをこの世の中を、憎めないね可愛いね笑っちゃうねって眺められる天才的能力を分けてもらえたら、口角だって自然にもっとあがってくるよね。

調べてもウメカヨの食の好みについてはちっとも分からなかった。ジャンクなお菓子が好きそうってなんとなく思うくらい。でもそんなのぜんぜんかまわない。思いついちゃったから。ダジャレ。梅佳代に梅粥。ひゃあ！ 私も料理なら「愛しいね、笑っちゃうね」のポイントを見つけられるのかな。

お米を5倍の水でゆっくり炊きはじめて、最後に大きな梅干しと焼きあごの出汁をたして、さらに15分。梅粥のできあがり。能登出身のウメカヨになじみ深い食材もちりばめて、お粥のお供をたくさん作ろう。へしこという鯖の糠漬けは皮目を炙って胡麻和え。車麩はこっくり炊いてから唐揚げに。トマト生麩のバター焼き。甘海老は昆布〆。うずらの卵の味噌漬け。めかぶのスダチ風味。赤紫蘇があったので茄子や茗荷で柴漬け作りにもチャレンジしてみた。そしてお菓子でも何かしたくって、ポテコをフィーチャー。おぼろ昆布といっしょにお粥に埋めて食べてもらえたら！ ダジャレって言った本人だけが喜んでいて、周りにはちっともウケないってことがよくあるけど、大丈夫かな。今更だけど。

写真家。石川県出身。学生時代より作品が注目をされ、2007年、初写真集『うめめ』で第32回木村伊兵衛写真賞を受賞。『男子』『じいちゃんさま』『白い犬』『ナスカイ』など、身近な人物や日常に潜む様々な光景を独自の観察眼で写し取った傑作多数。
（2017年12月号掲載）

梅粥＆のとフレンズ

こころのゲスト19

キース・ヘリングさん

キース・ヘリングが描く線は、
どの絵を見てもシャキッとしている。
迷いがないって、美しいなあと思う。
下描きの跡や消しゴムの跡が見えない、
まっすぐな表現。
料理人にとっても、そこがほんとうに
大切って思えてしかたがない。

1958年、ペンシルバニア生まれ。80年代初頭からN.Y.の地下鉄構内で黒い紙が貼られて使用されていない広告板にチョークで描いたグラフィティアートで瞬く間に知名度を上げたアメリカ現代アートを代表する伝説のストリート・アーティスト。惜しくも31歳で他界。（2018年1月号掲載）

見て。ほんとうだったらキース・ヘリングのプロフィール写真があるべきところに赤いペンダントヘッド。キースがまだ生きていて、世界中にキースのニセモノが氾濫していた頃、本物のキースが東京にやってきて、会場からはみ出しまくりの展覧会をやったときに買った、私の宝物。いまさら思った、あ、これだったのかって。

ゲストの名前を雲みたいな線でもくもくもくって囲んで、そのまわりに勢いつけて、テンテンテン！私がメニューを考えるとき、白い紙に必ず書くクセだ。キースのパクリだったのかあ。笑。

でもほんとに真似したいのは、彼の没頭する力。真夜中の街角で描いては消され、作品を残したいなんて邪念もなくひたすら湧きでるイメージだけに集中した最高のアーティスト。料理という分野なら試作も必要だよねと思っても、彼のように一発勝負で挑むことに憧れてしまう私。困ったね。笑。

ひとたび描きはじめたら、完成するまで休まず食べずって、そりゃそうだろうなあ。だから今日はいつ食べてくれるかわからないことを前提に冷めても美味しくて、絵の具だらけの手でも食べやすい「串もの」を差し入れしよう。

まずは串焼、栗の豚肉巻とトマトの豚肉巻。カニ入りの厚焼玉子のフライ。辛くマリネしたパイナップルと豚ヒレとキャベツの串揚。フランクフルトソーセージは両側から細かく切れ目を入れて、ていねいに焼いて。フジッリというねじねじのショートパスタには赤ワインをたっぷり使ったトマトソースをしっかりからめて。

そして今回の私の思いつきのハイライト、キャンベルスープの空き缶登場。キースは現代アート界の大御所アンディ・ウォーホルと親交が深かったから、ウォーホルの代表的な作品のモチーフであるその空き缶にソースを入れたら「ふふん」って思ってくれやしないかと。スパイシーダークソースとクリーミーチーズソースの2種。100円ショップでペンキのハケも買ってきたよ。

差し入れ・串もの

こころのゲスト20

上原ひろみさん

この世界にピアノを弾く人は
いったいどれだけいるんだろう。
そしてこの世界にいったい
何種類のラーメンが存在しているんだろう。
絶対無二のピアニストへ、
たった1杯のはじめて作るラーメンを。
こういう場合、深く深く自分好みに
するしかないなーと思いました。

なんでいつも泣いちゃうんだろ、真夜中に上原ひろみさんのライブ映像を見ていると。強烈な集中力と極限的なリラックス。プレイするたびにまるごとすべてを出しつくす。あのね、私は出産したことがないのだけれど、赤ちゃんが生まれる瞬間を見たら、みんな自然と涙があふれてしまうでしょ？　それに似てるのかなって。ひろみの音はいつもまじで生まれたて。

涙の分析は苦手です。さ、作るぞ。モノはもうラーメンでいきます。大好きってわかっているから。問題はもちろんその中身。塩派醤油派にはじまって、つけ麺派とかいろいろとラーメン談義は尽きないけれど、ひろみさんは「ラーメンには店主の生き様と情熱が詰まっているから、それを感じるのが好き」と言っている。かっこいい！

ならば、私は私で集中とリラックスだ。少し贅沢だけど、するすると思いうかぶままに仕上げていこう。スープは生姜やネギといっしょに香りのいいこぶみかんの葉も入れてとった浅利だしと鶏と白菜でとっただしを合わせた。築地で調達した細麺を硬めに茹でて盛りつけたら、ひろみさんの速弾きに負けないスピードで、薄切りにして塩とレモンで〆た金目鯛と、こちらも薄切りにしてバター焼きにしたアワビ茸を交互に並べ、残しておいた熱いスープを少し上からまわしかける。真ん中には鶏の風味がしみ込んだ白菜とメンマみたいにやや濃いめに煮たどんこ椎茸と半熟の味たま。ブラックオリーブとトマトと青ネギを柚子胡椒で和えたトッピング。さらには香ばしいニンニクオリーブオイルと挽きたてブラックペッパーを全体に散らして完成。いいと思う。笑。

そしてたまたま出会ったこの器！　１９２０年代にインドの商人からの発注でイギリスのメーカーが作ったという外側が黒い鋳物で内側が白いホーローの、見たこともないような取っ手つきの鍋。描いていたラーメンにもゲストにもぴったりで嬉しくなった。そう、黒鍵と白鍵かぁってあとから気がついて、ちょっとしびれてしまった。

1979年、静岡県生まれのジャズピアニスト。6歳でピアノに出会い、17歳でチック・コリアと共演、バークリー音楽学院在学中に世界デビュー、その後のグラミー賞受賞、全米ジャズチャート1位など輝かしい経歴を持つ。自身のバンドでの活躍以外に矢野顕子などとコラボ。（2018年2月号掲載）

金目鯛のカルパッチョみたいなラーメン

こころのゲスト21

ジム・ジャームッシュさん

ジム・ジャームッシュの映画には邦題がない。
よかったー。カタカナ表記になっても
原題そのままのかっこよさが伝わってくる。
そして表現のかっこよさから
こぼれ落ちてくるのは、
ひたすらきめ細かく愛情深い人への想い。
そういう料理、作りたいなー。

ちょっとマヌケで哀しくて、センスがいい、そんな状況や感情がどうも私は好きらしい。そういう男の子がいたら愛してしまいます。バカだな。笑。ジャームッシュ監督作品とはじめて出会ったのは『ストレンジャー・ザン・パラダイス』。まずタイトルのかっこよさに誘われて、観たらぜんぶ好きだった。隙間がいっぱいある映画。うまく整えられない感情とか、ちゃんとなんて説明できないからできちゃう間とか、その隙間には、ちょっとマヌケで哀しくてグッとくるセンスが詰まってた。

　ジャームッシュさんへの料理はモノクロで撮ってもらおうってひらめいて、きっと彼のファンの人たちにニヤリとしてもらえるぞっていい気分になっていた、けどギリギリで気がついた。今のジム・ジャームッシュにぎゅっとフォーカスしなくちゃって。今日という日がそっと明日を呼んでくる、そんなことをつぶやいてみたくなっちゃう最新作『パターソン』のトーン、しみじみよかったし!

1953年、アメリカ合衆国オハイオ州生まれ。1980年に大学の卒業制作として発表した作品『パーマネント・バケーション』が劇場公開され、いきなり脚本・監督デビュー。2作目の『ストレンジャー・ザン・パラダイス』でカンヌ国際映画祭カメラ・ドールを受賞。独特のオフビート感、モノクローム映像のセンスのよさで脚光を浴びる。※写真は映画パンフレット(私物)より
(2018年3月号掲載)

ジャームッシュさんの食の好みについてはまるで情報を得られなかったけど、きっと日本のことは好きですねって分かるから和食にしてみよう。時はちょうど新年。ここはもうすき焼きで。十代まで過ごした実家ではお正月というとすき焼きを食べる習慣があったのです。ちゃんと牛肉で(それ以外の日常では豚肉だったー)。今日は自由なチョイスで美味しくしてみたい。ねぎ、じゃがいもの細切り、黒舞茸、花びら茸、えのき茸、クレソン、その合間合間に仙台黒毛和牛。牛脂をたっぷり使って焼いて、かつおだし、黒糖、きび糖、醤油、みりん、酒で、しっかり味はからんでいるけどくどくない、そんなバランスに命をかけた。そしてTKGソース。全卵1個と黄身1個をといて薄口醤油で調えたところに熱々のごはんを投入、一気にかき混ぜて牛肉の上からトロ〜ッと。その上にのっているのは生の胡椒をかるく煮たもの。どうして鍋で出さないのかなんて、彼は絶対に聞かないって信じてる。

すき焼きTKGソース＋ウニ醤油の焼き餅

こころのゲスト22

メイさん

忘れていませんか、ラッコの愛くるしさ。
不思議さ。おもしろさ。
私的にはいま、完全にラッコブーム再熱です。
私にもねー、メイちゃんみたいに素早く、
そしてオリジナルな方法で、
貝をさばく技があったなら、
もっと人気者になれるのに。笑。

とうとう邪道な手にでた私。貝が食べたいなー、そろそろ貝料理なんていいなーと、ラッコをゲストにお呼びすることを思いついてしまった。いつもはもちろんまずゲスト、そして食の好みを調べさせてもらってメニューを決めるという段取りです。反則の逆パターン、今回だけは許してください！

ラッコ好きの友人（かわいい動画や最新ニュースを常日頃フェイスブックに投稿してくれている）にさっそく連絡して、とりわけ貝好きなのは誰って聞いたところ、それは鳥羽水族館にいるメイちゃんですねときっぱりとした答えとともに、たくさんの動画も送ってきてくれた。卑怯なぐらいかわいいー。貝が好きで好きでたまらない様子がびんびん伝わってくるー。よーし、料理する前にメイちゃんに会わなくちゃって、自分の邪心をもみ消すかのように、私は自然に鳥羽行きを決めていた。

いろいろとラッキーが重なって、メイちゃんの貝食タイムを水族館広報の主任さんの解説つきで堪能することになった私はそのすべての動きに悩殺されつつも、少し複雑な気持ちになっていた。「生の貝は用意するとして、ちょっと野菜や海藻と合わせてカルパッチョ仕立てにしたりね」なんて考えてもいたのだけど、そんなものを食べさせてメイちゃんにもしものことがあったらどーするんだっていう気持ちが膨らんできてしまって。

貝柱のわずかな欠片も探して残さず食べるメイちゃんへ贈る貝の詰め合わせ。白みる貝は生で問題なく！ホッキ貝はちょっと炙っちゃった。シッタカ貝は茹でちゃった。トコブシは蒸してからかつおだしと醬油やみりんでうっすら漬けこんじゃった。磯ツブ貝、茹でて身を出してバターソテーにしちゃった。キャーごめん。メイちゃんが食べてた大アサリ貝も築地で見つけて焼いちゃった。ああ、ほんとに余計なことを！でももしかしてそれも好きだったりして？という気持ちと私が食べたいという気持ちが最後の最後まで行ったり来たり。

2004年生まれ、メスのラッコ。鳥羽水族館在住。ちなみにラッコという呼び名の語源はアイヌ語で、英名はSea Otter。からだは小さめだけど、いつも元気いっぱいでいたずら好き。芸達者でもあり、「イカ耳ジャンプ」や「聞こえない、言わないポーズ」などで多くのお客さんを魅了しつづけている。（←ぜひ動画検索を！）（2018年4月号掲載）

貝・詰め合わせ

こころのゲスト23

ヴィセンテ・ガルシアさん

その声が、そのメロディラインが、
アレンジが好きで聴いていたのに、
ある日からキュンとする方向性の
好きが追加されてしまってさあたいへん。
動画を見てはその服は合わないとか、
彼女がいることを知ってがっかりとか。
私のなかの女の子をひっぱりだしてくれた
ヴィセンテにグラシアス！

ある日、「どんな音楽が好きですか」ときかれたことがきっかけで、私の胸にヴィセンテ・ガルシア急浮上。店でいっしょに料理をしていた順がジャケ買いしたという彼のCDを店内に流してくれたその日からずっと無自覚に好きだったことをあらためて自覚して、そういえば顔も素性もぜんぜん知らないなあとネット検索をしてみた。

あ。え？ うーん。好きだー。笑。動画を見るまでは、ちょっと聞き馴染みのないメロディラインがクセになるなあとか、誰にも似ていない声質が好きだなあとか言っていたわけだけど、もういきなりその笑顔やら仕草やらにキュンとしてしまい。それからというもの、仕事おわりの夜な夜な、まだ見ぬ動画を探したり、最近の活動を気にしたりする日々を送ってきた。だけど、なんでかな、この連載のゲストにとずっと言えずにいた。いろーんな好きが存在するものですね。みんな知らないからなーっていうのもあったけど、テレるーって思いが強かったかも。笑。ところが

1983年、ドミニカ共和国生まれ。ミュージシャン。2010年『Melodrama』でソロデビュー。2016年に出た2作目のアルバム『A La Mar』でラテングラミー賞4部門にノミネート、「最高新人賞」など3部門でウィナーに。（2018年5月号掲載）

6年ぶりにやっと出た2枚目のCDでラテングラミー賞の4部門にノミネート、そして3部門でウィナーになるというニュースを昨年末に知って、今だなって。ラテングラミー賞を知ってる人も少ないだろうけどいいじゃないですか！

ヴィセンテが生まれたドミニカ共和国の料理は中米とカリブの両方の特徴をもっているそう。そしてかつて日本人が耕作に貢献した歴史があり日本米も食べられていると知って嬉しくなった。これはもう美味しいお米を食べてもらおう。気分としては好きな男の子がはじめて家に来る日のメニューです！ そういう時は凝りすぎてもオシャレすぎてもつかめないんだよね。イワシをかるく酢〆にして豚バラ肉でぐるぐる巻いて生姜焼き。そこにレンズ豆とアボカドとトマトをココナッツミルクで仕上げたスープカレーを好きなだけかけて。タロイモの代わりに大和芋で作ったピクルスは苦手かなあ。ごはんをおかわりしてくれたら泣いちゃうよ。

豚肉巻きイワシの生姜焼き＋レンズ豆のココナッツスープカレー

こころのゲスト24

のんさん

誰よりも瞳がキラキラで、その肌はピカピカで。
そっちの魅力で十分やっていけるのに、
他のパワーが容赦なく炸裂する。
もしかして料理を作っても
その感性がきらめいちゃうのかな。困るなー。
今日の料理、のんさんが作りそうに
見えないこともないよね？

1993年、兵庫県生まれ。雑誌モデルとしてデビュー。肩書きは「女優・創作あーちすと」(2023年からは「俳優・アーティスト」)。アニメ映画『この世界の片隅に』で主人公すずの声を担当。同作は各種映画賞を獲得し話題に。俳優としてだけではなく音楽活動も本格化し、2018年、1stアルバム『スーパーヒーローズ』をリリース。
撮影：平間至（2018年6月号掲載）

何度でも驚かされてしまうなー。この人はこういう人だ、こういうところが凄いって思ったそばから別の凄さで現れる、「のん」さん。最新のびっくりは、のん（呼び捨てがしっくりきちゃう）がギターを弾きながら歌ってる姿。リズムの取り方がガールズっぽくない！ 歌いながら弾くっていう行為のバランスがデビュー曲からいきなり軽妙洒脱で。常にいきなり枠を超えるっていうのがのんの得意技に思えてしまう。この連載の12人目のゲストだったアニメ映画『この世界の片隅に』の主人公すずさんの声として、映画館でのんに出会った時も衝撃的だったなあ。いつでものんはいきなり「のん」で、表現のお手本なんていなさそうに思えて、そこがとてもかっこいい。

のんが好きな食べ物リストには特に衝撃的なものはなく、私も好きなものばかりでホッとした。笑。その中からハンバーグをピックアップして、それをベースに、できれば見たことのない景色に仕上げていけたらいいなと想像をめぐらせる（私だって驚いてもらわなくちゃ）。ジューシーな挽肉の中から何が出てきたら美味しくて綺麗かな。芽キャベツは丸ごと包むのにもちょうどいい大きさ。新じゃがが出てきたのでこれも丸ごといける。皮ごと香ばしく揚げてから包んだ。あ、ピータン！ 前に一度やったことがあって、とても合うこと実証済み。臭みは出ずにコクがでるんです。ゆで卵の黄身もやっておこう、王道だけど。赤くて美味しいものはなんだろうって考えて、当然ビーツが浮かんだので、生ハムや香味野菜とソテーして炊きたてのごはんに混ぜて半づきにし、もちもちのビーツライスを丸めて包んだ。美味しいトマトが手に入ったので、潰れちゃうのは覚悟でこれも包んでみた。計6種類できた大きなミートボール、さっと揚げてから、野菜たっぷり赤ワインたっぷり、そしてカカオと八丁味噌が隠し味のソースで煮込みました。茹でたプチベールとカッテージチーズも添えて、元気だしていこう。

バラエティミートボールのカカオソース煮込み

こころのゲスト25

バベットさん

お皿のラブレター、3年目が始まります。
大物すぎるこころのゲスト、
バベットにいつ登場してもらおうかと
いままで何度もその名を口にしては
また大事にしまってをくりかえして。
ん？何を作っていいかビビっていたかな？
いつもの調子でいかなくちゃ。

どうやったら料理人になれるんだろうと悩んだことは一度もなかった。悩んだのは、私はどういう料理を作りたいんだろうということだった。学校へ行って教えてもらえることでもないように思ったし、美味しいレストランの求人広告をたよりに一から修業したほうがいいのかなとも考えたけれど、まずは自由に手を動かしてみながら考えてみるのが先かなと自主トレをすることにした。出汁の取り方の先生はこの人、インド系スパイスの先生はこの人というふうに、いろんなコツを教えてくれる先生たちを料理本の中から自然と見いだしつつ、とにかくひたすら自由に料理してみなさいという課題を自分に与え、毎週末に友人知人たちに食べにきてもらうことにした。そして私もちゃんと一緒に席について、自分の料理のお客さんになってみることにした。映画『バベットの晩餐会』に出会ったのはそんなある日のこと。

19世紀後半、デンマークの小さな漁村。牧師だった父の遺志をつぎ、信者である村人たちと共に慎ましく暮らす初老の姉妹。映画の前半はこの美しい姉妹が若かった頃のエピソードを中心に物語が展開し、彼女たちに恋い焦がれ散っていった男たちが後半にも大事な役回りをしてくれるのだけど、そこはぜひ映画で堪能してください。

ある嵐の夜、姉妹のもとにひとりのフランス人女性がやってくる。パリの動乱（パリ・コミューン）で夫と息子を殺され、命からがら逃げてきたその人こそがパリの有名レストランでシェフを務め、「食事を恋愛に変えることができる女性」とまで言われたバベット。無償でいいからメイドとしてここにおいてくれないかと懇願し、姉妹との暮らしが始まるのだけど、その一部始終を観終わった瞬間から、バベットは私の師匠になった（校長先生と言うべきかな、すでに見つけた各部門の先生の上で私を見守っ

映画『愛と哀しみの果て』の原作者として知られているアイザック・ディネーセンがカレン・ブリクセン名義で発表した小説をガブリエル・アクセル監督が映画化し、その年のアカデミー外国語映画賞を受賞した『バベットの晩餐会』の主人公。パリの有名なレストラン《カフェ・アングレ》の元シェフ。名俳優ステファーヌ・オードランが熱演。※写真は映画『バベットの晩餐会』フライヤー（私物）より（2018年7月号掲載）

てくれる人）。

カッチカチのパンを水で戻しビールを加えてドロドロに煮込んだスープ。空腹を満たすことができれば十分な日常食もバベットが真摯《しんし》な気持ちで作れば、村人たちの楽しみな食事に変わる。亡き牧師の生誕100年のために当たった宝くじの全額を使ってバベットにしかできないフルコースの料理をふるまうシーンにかけては目を皿にした。食材をさわる手つき、サーブを担当する男の子に対する態度、なにより客人の反応なんて一切気にせず料理に集中するその姿は永遠のお手本。そして「ほんとうに美味しい」ということがみんなの抱えている邪念をことごとく溶かしてしまうクライマックス、何度観ても泣けてしょうがない。私は宗教より料理を信じて生きていこうと強く思えた。

お疲れ様でした、師匠。今夜は私に賄いを作らせてください。カチカチのパンを見たら思い出したメニューがあって。牛すじとパンとフロマージュの炒め物。あえて炒め物って言っちゃう感じが気に入って、店のウィークリーメニューに載せたら、「これ、美味しいですねー」って満面の笑みを見せてくれたその人は、初めて店の取材に来てくれた人であり理解者で、18年やった店を閉める直前にも駆けつけて、今後の私にエールを送ってくれて、なんとそのひと月後に火事で亡くなってしまった人。硬いパンには思い出すことがいっぱいなんです。牛すじさえ下ごしらえして薄味に煮ておけば簡単、多めのオイルでパンを焼きつけてから、ニンニク、青唐辛子、チーズいろいろ、牛すじ、酒、かつおだし、塩、胡椒、醤油を順に入れつつ炒めあげれば出来上がり。今日はワサビ菜とバルサミコビアンコのサラダ、柑橘系3種のちょっと辛いマリネと、そして赤ワインで乾杯。あ、今回はなぜか一緒に食べる気でいるみたい、私。笑。積もる話もあるし、この連載も3年目に突入だし、乾杯。

「出会いたいのは、好きな味がおなじ人。」

Dear BABETTE

牛すじとパンとフロマージュの炒め物

こころのゲスト26

猪熊弦一郎さん

猪熊さんが描く猫が好き。
裸の女の人＋猫の世界、大好き。
じーっと観察していたと思ったら、
ブーンと空想に飛んでしまう、
そんな子供じゃなくちゃできない描き方が
できちゃった人なのかな。
きれいで楽しくて、自由に遊べる
ひと皿になったら喜んでくれるかな。

猫が大好きと思う気持ちそのままで、私は猪熊さんが好き。パリに移住することを決めて、すっかり準備も整ったのに、ちょっと寄り道したニューヨークが気に入ってしまって、結局そのままニューヨークに住んでしまったというエピソードなんて、すごく猫っぽくてほんとに素敵。自分にとって居心地のいい場所を見つけることに私たちはもっといっしょうけんめい正直にならなくちゃって思う。

画家になる前から猪熊さんのスケッチブックにはやさしい線で描かれたいろんな仕草の猫であふれていたんだろうな。だけど猪熊さんはニューヨーク時代、猫をほとんど描いていないらしい。それもいい。来る日も来る日もあふれる刺激とまーっすぐ向き合っていた時期なんじゃないだろうか。その後、猪熊さんは（体調を崩したこともあって）次の居場所にハワイを選んだ。そしてふたたび猫を描きはじめたそうだ。よかったあ。今日のお皿はその頃の猪熊さんをイメージして作らせてもらおう。ハワイっていえば…ポキが頭に浮かんだ。マグロやタコをアボカドなどの野菜といっしょに和えた料理。いいんじゃない？　素直にこれがいいんじゃない？　ディップや薬味をたくさん用意して、絵を描くように自由に混ぜて楽しんでもらえたら。まず魚貝は3種。シマアジ、マグロ（赤身と中トロのミックス）、そしてウニ。それぞれ軽く塩とライム。その周りには時計回りで、白味噌とマスカルポーネを混ぜた焼きナスのディップ、黄ズッキーニのソテー、島らっきょうの塩漬け、ライムの香りのトマトソース、セルバチコミニ、フルーツトマト、細切りごぼうチップス、豆腐とアボカドのディップ、金針菜（ユリのつぼみ）の塩茹で、山芋のピクルス、塩もみきゅうり、緑豆マリネ。そして猪熊さんは食事中に猫がテーブルにのってこようが怒らないって聞いたので、この連載の写真を撮ってくれているアビちゃんちのくま（推定20歳）とピーヤ（ちょうど一歳）もお招きしたのです。

画家。1902年、香川県高松市生まれ。幼少の頃から絵の楽しさに夢中。東京美術学校では藤島武二に師事。東京、パリ、ニューヨーク、ハワイと活動の拠点を変えながら、戦争の時代を越えて活躍。白地に赤で有名な三越デパートの包装紙、『小説新潮』の表紙絵原画（1948〜1987年）など多彩な作品を多数残し90歳で逝去。丸亀市猪熊弦一郎現代美術館は市民に愛される開かれた美術館。（2018年8月号掲載）

魚貝のタルタルパレット

こころのゲスト27

西 加奈子さん

肉子にしようか、それともその娘のキクりん?
いやきりこかな。うーん、まく子でいこう。
いやいや主役じゃないけど『サラバ!』に登場し、
「あなたが信じるものを、
誰かに決めさせてはいけないわ」
と言ったお姉さん?
並みいるゲスト候補を押しのけて、
やっぱりリアル西さんへラブレターを。

入り口はテレビだった。強い笑顔と真面目な眼差し、ほんとうのことを喋りたいという覚悟。西加奈子さんがインタビューに答えているところをたまたま見てピンときてすぐにパソコンを開いたら、いきなり西さんが描く絵にとらわれた。画用紙が破れちゃうんじゃないかって心配になるほどつよーい筆圧で描かれた絵。クレヨンでギュウギュウと(ダンボールの上に描いてるってあとで知って安心した)。あざやかであでやか。さらに私はピンときて本屋に走った。10冊以上並んでる中から『漁港の肉子ちゃん』という一冊に手が伸びたのはまぎれもなくタイトルが食関連だったからだけど、表紙、めちゃめちゃかっこいいんだ。西さんが描いたおんなの裸体にこのシュールなタイトルが乗っかって、帯にはタイトルより大きな文字で「迷惑かけて生きていけ。」と。

どんなときでも西さんの小説を読むと「生きているんだ、ダイジョブだ」っていうベースラインを力強く持ち上げてもらえる。あの日、ピンときたのはこれだったんだなって思う。私は自分に元気をくれそうなモノや人を見逃さないんです。月日は巡って私たちは知り合い、食べてもらったり話をしたりするようになったのはたぶん必然。

今回は料理のリクエストを聞いてみようと連絡したら「元気になるごはん」という返信が。産後体調を崩すことも多かったそう。いいなあと思った。いつも元気に見える人はそうじゃないときもフリをしがちだけど、やっぱり西さんはいつだって正直だ。そういうときはスープですね。その波動の強さがすごいって聞いたことのあるオクラでいこう。ココナッツオイルにマスタードシードやカレーリーフの香りを溶かし、アンチョビやパイナップルを隠し味に、仕上げはヨーグルト、旬の枝豆をパラパラ。そして本能で生きる人には野性を呼び覚ます骨つきの肉が有効。竹炭入りの食パンでパン粉を作ってラムでカツ。

しみじみ体にしみるだけじゃなく、わァ!って上がってほしくてさ。

小説家。画家。1977年、テヘラン生まれ、カイロ、大阪育ち。大阪時代、思いつくままに書いた『あおい』をなんとか活字にしたいという思いが募り、大阪での生活をすべてなげうって上京。持ち込んだ出版社の編集者の目に留まり、その『あおい』で2004年にデビュー。以降、名作・受賞作多数。2015年『サラバ!』で直木賞受賞。絵本も多数出版。撮影:若木信吾
(2018年9月号掲載)

オクラと枝豆のサワースープ＋ラムカツ

こころのゲスト28

ラベー・ドスキーさん

いつもは閃いたイメージに向かって
駆け抜けるように料理する私が
あっちのサイトこっちのレシピ本を
行ったり来たりしながらメモとって
いろんな国のコロッケを作りあげてみました。
勇敢で思慮深いドスキー監督と
平和の匂いを共有したい一心で。

ーIS（イスラム国）に占領されたシリアの街が舞台になったドキュメンタリー映画を2本観た。はじめに『ラッカは静かに虐殺されている』、90分間の緊迫がエンドロールのあともずっと続くようなー本だった。観てよかった知ってよかったと思いながらもザワザワしたままの気持ちをどうにかしたくて、近日公開という『ラジオ・コバニ』の公式サイトをクリックした。クルド人のラベー・ドスキー監督が問わず語りのようにその映画の背景について喋っていた。そしてひとめぼれしてしまった、こんなシリアスな映画を話題にしているときに不謹慎だけど。悲惨な現状を語っても滲む優しさ、包容力みたいなものに魅かれてしまった。『ラジオ・コバニ』も『ラッカ〜』同様に虐殺や戦闘のリアルがそこにあってシリアスな現場を思わずにいられないのだけど、観終わったあとにこみあげてくるのはやっぱり平和を諦めない人々の希望。クルド人として生きるドスキー監督だからこそ、そこは外せない視点なのだと思った。

ならば何か平和の象徴みたいに思える食べものはないかなと想いを馳せた答えがこれ。世界平和を祈って10か国のコロッケをイスラムのアラベスク模様のお皿にのせたラブレターです。ペルーのパパレジェーナは辛くない唐辛子ペースト、アヒパンカが隠し味。ロシアのシルニキはリコッタチーズの甘いパンケーキをリメイク。日本からは豚挽き肉たっぷりの芋コロッケを。クルドのコロッケはラムだんごをブルグルで包んで揚げる。インドのカシュパコラは砕いたカシューナッツをまぶして。ベトナムはフレンチの影響を漂わせ、カニかまをマヨネーズで和えたものをライスペーパーで包んでからパン粉をつける。中国のかぼちゃコロッケは端午節のお祝い。ポルトガルからは干し鱈のクリーミーなコロッケ。イタリアのアランチーニはライスコロッケ代表。そして広く中東で食べられているおなじみファラフェル。みんな似ていてみんな違う。それがとても愛しいです。

1975年生まれ。映画監督。イラク北部のクルディスタン自治区ドホーク県出身。1998年よりオランダ在住。前作の短編映画『スナイパー・オブ・コバニ』で世界的にブレイク。ISとの戦闘で瓦礫と化したシリア北部の街・コバニで手作りのラジオ局をはじめた大学生のディロバンの日々を中心に追った今作『ラジオ・コバニ』も世界各国の映画祭のドキュメンタリー部門で受賞多数。
illustration：Yuko Saeki（2018年10月号掲載）

コロッケ＆ピース

こころのゲスト29

郡司庸久・慶子さん

大切な思い出もある
大好きなコーヒーカップを割ってしまって、
だいぶへこんでいたときに、
絶妙なタイミングで出会えた郡司夫妻。
好きなセンス、好きな手ざわり、好きな自由度。
手に入れた新しいカップを片手に
陶芸の世界に想いをはせる。

結婚式でケーキに入刀する際、夫婦はじめての共同作業なんてことを申しますが、そんな生易しいものじゃない夫婦共同作業がここにありまして。益子に住む陶芸家、郡司夫妻。庸久さんが形を作り、慶子さんが絵を描く。その作品の噂をあちこちで聞いていたので、今回やっとお二人の作陶展に伺うことができてラッキーだった。そしてそこで私は狙い撃ちに。笑。直径32センチの大きな器だったし、うちの食器のラインナップにしてみたらとても高価なものだったから何度も悩んでるふりをして他の器を撫でてみたりしていたけれど、ほんとはお店に入った瞬間に決まってしまっていたなと思う、その器に私の料理がのることになると。

台所のテーブルに置いてニタニタと眺める。ずっしりしているのに威圧感がない。ちょこっとでもたっぷりでも受けとめてくれそうな絶妙なカーブ。うんと細かいのに自由奔放に思える模様。みごとな共同作業だなあ。きっと二人ともこの器は手放したくなかったはず。笑。でも双方の想いがうまく重ならなかった出来あがりもあるのかななんて夫婦対立のシビアな局面も想像しつつ、何を盛ろうか、誰のラブレターに使おうかって妄想が走りだして気がついた。ここはもうぜひダイレクトで返信、郡司夫妻にお皿のラブレターを！

はじめに「私もこねよう！」っていうひらめきがやってきた。野菜もたっぷり使えるニョッキはどうだろう。まずは裏ごししたじゃがいもに強力粉と少しの卵と塩を混ぜて軽く菊練り。半量には大麦若葉の粉末を混ぜて2色に。小さく丸めた生地を一本ずつ延ばす作業、両手のひらが気持ちよくて案外すばやくできて驚いた。同様にカボチャのニョッキは小さな器仕立て。貝のスープ（ハマグリ、あさり、いりこ、昆布）を張って、茹でた手延べニョッキを盛り、薬味（せり、パクチー、茗荷、新生姜、バジル）のかき揚げ、赤紫蘇漬のトマト、小さな海老だんごもプラス。可愛い仕上げに走ったのはきっとお二人の写真を見たせいです。

郡司庸久・陶芸家。1977年、栃木県足尾町生まれ。大学卒業後、栃木県窯業指導所に入所。2003年、独立し足尾（現・日光市）に窯を開く。郡司慶子・陶芸家。福岡市生まれ。多摩美術大学卒業後、栃木県窯業指導所に入所し二人は出会い結婚。益子のギャラリー「スターネット」のスタッフを経て2004年より作陶を開始。2015年、夫婦は益子町に生活の拠点を移し新たな窯を開く。（2018年11月号掲載）

薬味かき揚げ・手延べニョッキ

こころのゲスト30

野村訓市さん

ラジオから聴こえてくる声は
しぶくて癖になるテンポで話題豊富で。
この世のかっこいい男たちから
カッコイイと言われてしまう野村訓市さん。
実際に会ってみたらがっかりしたよって
言わせてほしいくらいだけど、
実際に会ったら、そのごはんの食べ方にも
グッときてしまいそう。

このページの写真を撮ってくれているアビちゃんがどんどん野村訓市さんのことを好きになっていく様子をみていて、私は前からやってみたいと思っていたことを実行しようと決めた。それはラブレターの代筆。もちろん言葉じゃなくて食べもので。

　このページのデザインをしてくれている峯君は前から訓市さんとは仕事仲間、ちょいちょい訓市さんへの尊敬まじりの思いがにじみでる。「いつでもほんと人のために動いてる人!」って言っていた。ほんとかな。私もまた日曜夜の訓市さんがナビゲートするラジオ番組は好きで聴いていたけれど、代筆するからには当然もっと訓市さんのことが知りたいとインタビュー記事や動画を漁りはじめた。折しも訓市さんが原案から長く深く関わったウェス・アンダーソンのすごい映画『犬ヶ島』が公開されたタイミングで、いくらでも関連サイトを探すことができた。やりたいことにただただまっすぐ、いちいちかっこいい、なのに真ん中には確かにいつでも「友達のために」がある。この類い稀な優しさは何。はまってしまうな。私はもう完全に代筆のことなんて忘れてしまって走りはじめていた。笑。

　峯君が聞きだしてくれた訓市さんの好物は豚バラ。とんかつを食べながら聞いたらしい。お寿司を食べながらだったら違う答えか。だとしても、ここはまっすぐ。「カリカリのガリ和え」はしゃぶしゃぶ用のうすーいスライス一枚一枚に粉をはたいてカリカリに香ばしく焼きあげた。「燻製角煮」は豚バラのブロックをまず燻製にかけてから番茶や梅干を隠し味にさっぱりとろとろに。(訓だから燻!)「豚バラとウニの山椒炒め」はにんにく・生姜を効かせたタレに漬け込んだ肉とウニのいい絡み。実山椒は神様。そしてサラダのかわりにトマト100%&レモンで作った氷でウォッカソーダを。どうかな、代筆の想いは未完だったけど、「みんなのラブレター」感が増して、そのほうが喜んでもらえる結果になった気がしてる。

1973年、東京生まれ。いまでは伝説にもなった海の家「SPUTNIK」をプロデュースしたのを皮切りに、世界中の会いたい人に突撃取材を敢行して取った80本のインタビューをまとめた『sputnik / whole life catalogue』を26歳で出版、国内外の雑誌の編集や執筆、クリエイティブディレクター、空間プロデュースと限りなく活動。映画『犬ヶ島』ではブレインとしてだけでなく声優としても出演。2014年よりJ-WAVEのラジオパーソナリティとしてレギュラー番組を担当。
撮影：水谷太郎（2018年12月号掲載）

真夜中まえの3色バラ重

こころのゲスト31

ラ・チャナさん

「拍手さえ、重要じゃない」とラ・チャナは言った。
またひとり、私がこころから
本物と思える人を知ってしまいました。
フラメンコの神様を抱きしめたり
突き飛ばしたりできる人。
１９８５年には日本で踊ったんですって。
きっとまたチャンスはあると思う！

アントニア・サンティアゴ・アマドール（通称：ラ・チャナ）。伝説のフラメンコダンサー。1946年、スペイン・バルセロナ（極貧地区）ヒターノの家系に生まれる。フラメンコの才能を叔父に見出され、両親の反対を押し切り14歳でダンサーに。18歳で結婚・出産。その独創的なステップのテクニックと即興性は評判を呼び一躍世界に知られるように。しかしその裏ではマネージャーでもある夫からの虐待や暴力があり33歳で引退を余儀なくされる。※写真はその後の素晴らしい復活を描いた映画『ラ・チャナ』パンフレット（私物）より（2019年1月号掲載）

直感をいちばんにして生きていこうとする人たちがいる。たぶん私もその一人。映画館の狭い通路に置いてあった『ラ・チャナ』のフライヤーを見てピンときて、この伝説で革新的で現役の圧倒的なフラメンコダンサーのドキュメンタリーを観に行った。すごかった。その人は自分のコンパス（リズムと言えばいいのか）だけを命綱にして、幾つもの扉をどんどん開けながら、自分の中にいる神様に会いに行ける人だった。舞台の上で。ううん、舞台なんかなくてもステップを踏みはじめれば。ああ、ほんとはこういうのを直感っていうんだな。私のリズム、しょっちゅう乱れているんじゃない？　あーあ。

花瓶からあふれんばかりの花々が踊っているような、ゴージャスなパフェを作ってチャナに贈ろうと考えた。糖尿病で甘いものを我慢していると聞いて特別な甘味料も手に入れた。だけどパフェのスケッチが出来上がってもなんかしっくりこない。うーん、こういう時はゼロからやり直しだなと、もう一度チャナに会いに行った。一度目と同じ場所で鳥肌がたち同じ場所で涙があふれ、そしてぜんぜん違う料理に向かう私がいた。今の、今日のチャナが喜んでくれるひと皿、それは今の旦那さんといっしょに食べて楽しいひと皿だよね！　人気絶頂で引退せざるを得なかった彼女に起きた虐待や暴力の事実、それを乗り越えて魚屋さんの彼と出会って再婚して。家族が集まるお祝いの日に大きな海老のパエリアを作る。映画の後半に挿入されているそんなシーンの数々から私の料理もふくらんでいった。こんな海老、見たことないぞ！　って会話が弾む感じ。友達の友達のお母さんが海女さんという素敵な縁で送ってもらった伊勢海老、蒸してからニンニクオイルをかけてかるくオーブンで仕上げて、たくさんの野菜と煮あげた黒米（イカスミじゃないよ！）といっしょに。花のような鯛。マスタードの効いた葡萄のピクルス。チャナの衣装の色をイメージしながら盛りつけました。

伊勢海老と黒米の輝き

こころのゲスト32

ちょっと休憩

カモネギまん・カニマヨまん・柿ピーまん

こころのゲスト33

最果タヒさん

人の気持ちをものすごく曖昧にさせる
そのペンネームに誘われて、
まず一冊、さらにもう一冊と私の部屋に
最果タヒの詩集が増えつづけた。
小説家には届かない私の背中を掻いてくれる感じ。
好きな詩人がいるって幸せなことだなって
思いながら白いあんこを炊いた。

　最果タヒさんに何を作ろうって、ちょっと困った気分で晴れた空を見上げた。浮かんだものは料理の名前でも食材でもなくて、なんと、透明なガラスを通過する光だった。

　去年はタヒさんの詩をたくさん読んだ。読み込むのではなく画集をめくるような感じでだいたいお風呂から上がって眠る前に、ときどきなんだか切ないときに。そして自分でもよく知っている自分の感情にその言葉を染み込ませたり、ノータッチだった感覚に気づかされてうわぁってなったりした。そんなひと皿はどんなひと皿？ ガラスと光？ 私の右脳はなんのおかまいもなしに花瓶のようにでっかいガラスの器に咲いてるパフェを描き出してしまったよ。だけどこの『お皿のラブレター』はゲストのイメージを料理に例えるのではなくて、ゲストが美味しいと思ってくれる何かを作らなきゃ、そう思い直して調べはじめたら、なんとタヒさんは食べものについてのエッセイ集を出しているのを知り、慌てて手に入れてびっくり。ページをめくったとたん目に飛び込んできたのは《パフェはたべものの天才》という見出し！ やったね、私の右脳。パフェだ、パフェ、モリモリの禁じ手なしのパフェ作ろう。

　築地の豆屋さんではじめて手に入れた岡山の白小豆。栗のような味がするって言ってたな。上手に炊いて、ちっちゃなおはぎを作りたくなっちゃった。ちょうど新年だし？ 私が得意にしているチョコレート寒天も食べてもらおう。かぼちゃのムースも合うはず、スパイスは控えて和風でね。よもぎの入った白玉粉でぎゅうひも作ろう。紫芋が手に入ったから綺麗なあんこ玉に。それから安納芋で作ったさらに小さい焼きおはぎ。隙間には台湾みやげのタピオカととろとろのカスタードクリームを。甘く焼いて煮詰めた姫林檎と蜜柑ものせちゃおう。盛りつけはじめて気がついた。ガラスが分厚すぎて中が見えないし光も届かないや。だけど見えないからこそ美味しいカオス、ってちょっと言い訳をして、庭の赤い実を刺した。

1986年生まれ。2004年よりインターネット上で詩作をはじめる。2006年、現代詩手帖賞受賞。翌年、詩集『グッドモーニング』を刊行し、中原中也賞を受賞。2014年には、詩集『死んでしまう系のぼくらに』で現代詩花椿賞を受賞。新たな詩のムーブメントとして多方面から注目されている。詩集『夜空はいつでも最高密度の青色だ』が映画化されたほか、たべものエッセイ集『もぐ∞』、小説、対談集の刊行、新聞・雑誌への連載と表現の場は増えつづけている。
（2019年3月号掲載）

新春おはぎパフェ＋甘花茶

こころのゲスト34

甲本ヒロトさん

ヒロトふたたび。ファン心理はいつでも敬称略。覚えてくれていますか。第1回のお子様ランチ・フィーチャリングお豆。あのとき書ききれなかった思いと、新しく芽生えた思いを書いてみます。それはつまり「料理人になってよかったな！」っていうお話です。

友達ができた、話し合えるやつ、何から話そう、僕のすきなもの、僕、パンク・ロックが好きだ、っていう詞がある。ザ・ブルーハーツのファーストアルバム4曲目。私はあの日、この思いを真ん中に生きていきたいって思ったんです。

その頃の私はコピーライターで、広告のキャッチフレーズを書いたり作詞をしたりして10年くらい、収入は順調だけど、自分が一番いいと思うコピーや詞を通せなくてちょっとやさぐれはじめてた。私はマイノリティーで自分の大好きなものは一般ウケしないんだななんて。だけどそんなダサい思い、ブルーハーツが粉砕してくれました。だって私がローカルテレビのガサガサな画面でリンダリンダを歌うメジャーデビュー前のヒロトをはじめてみて、一瞬でヤラレテ以来、ブルーハーツが社会現象って言われるくらいあらゆるジャンルのあらゆる世代の心を揺さぶってしまうまであっという間だったのをしっかり目撃してしまったから。そう、私はただの能力不足。でもそこから数年は粘ってみました。ヒロトを追いかけながら、書く仕事もがんばってみた。でもやっぱりなんか違うんだな。素敵だなあって思える人に出会ったときにこの仕事のこと喋りたいかなって。だから決めたんです。次行こうって。もっと素直になれるほうへ。

でもねえ、びっくりするくらい何も思い浮かばないの。何をしたらいいのかまったく分からなくて冷や汗でる感じ。だけど眠れない日々が続いたある日、やっと一つ分かったことがあった。人生お金じゃないって口では言えるけど、コピーライターの収入を片手でキープしながら次のこと考えてるからダメなんじゃんって。ここはありったけの勇気をだす場面。で、次の年賀状でコピーライターやめました宣言をしてスッパリやめてやることにしたんです。とにかくやめる。次が見えなくても。この決心は気持ちよかったなあ！久々に心が晴れました。ヒロトのおかげ。勝手ながら素直さと勇気をもらってできたこと。

1963年生まれ。岡山県出身。ザ・ブルーハーツ、ザ・ハイロウズを経て、ザ・クロマニヨンズの作詞、作曲、ボーカル、ハーモニカ。ザ・クロマニヨンズでは1年に1枚のアルバムを発表&全国ツアーを刊行。2019年よりギタリストの内田勘太郎と「ブギ連」の名でも活動を開始。（2019年4月号掲載）

そしたらなんと！その決心から2週間もしないある朝、いきなり起き抜けに「料理じゃん！」って。神様、いました。教えてくれました。なんでどうしてそこに気がつかなかったのかなあ。子供の頃から料理というジャンルに興味があって、料理するたびにコピーライターより才能あるよねって笑ってたのに。何かをちゃんと手放すと、何かがちゃんとやってくるのかな。かくして私はそこから大好きな料理の世界にどんどん入って行けたのです。お皿のラブレター第1回目のページでヒロトのことを恩人みたいな人って言ったのはこんな理由があったのです。なんか今日は独白ふう。笑。

その決心から自主トレを経て、お店を作って18年やって、そしてまた大きな勇気をだしてお店を閉めて、もっと自由な料理人を目指して今、こんな素敵な連載まで。実はこの連載がちょうど2年過ぎた頃、すごーいことが起きたんです。前から知ってるお客さんが、ヒロトを連れて食事に来てくれた……。神様、でました。ヒロトが私の料理を食べてくれたんです！だけど私、料理と一緒にいたら、ヒロトの前でもまっすぐ立って普通にしていられた。ヒロトに私の友達（料理）を紹介する感じで嬉しかった。

こころのゲスト、ヒロトふたたび。

今回はヒロトの好みもだいぶ分かった上で思いついたこのメニュー、「豆と海」です。白身魚のクエのすり身のまわりにすず丸豆を貼りつけて蒸したかのこ。鞍掛《くらかけ》豆を高山茶葉とちりめんじゃこで炊いた佃煮風。ブリの西京漬焼きの上には七味を効かせた白小豆、白子のムニエルにはマスカルポーネで和えた空豆を。炙り〆鯖と黒千石大豆と苺のカルパッチョ。串には紫花豆と白バイ貝の甘辛煮。好みが分かってくるほど料理は楽しくて、ドキドキもしちゃうものですね。

Dear HIROTO KOHMOTO

豆と海

こころのゲスト35

ジョルジャ・スミスさん

好きだなって思うと21歳。
ジョルジャもまた21歳。
これからいったいどんな大物に
なっていくんだろうと思うけど、
この1枚のアルバムを届けてくれただけで、
もうじゅうぶん感謝します。
デビューアルバムには
たいてい永遠のエネルギーが充満しているし。

ほぼジャケ買い。大好き、この顔この憂い。なんて落ち着く暗さなんだ。ジョルジャ・スミスのデビューアルバム。仕込みをしているときに聞こえてくるとヤケに盛りあがる曲として私がすでに認識しているアデルもドラマチックに暗い。習慣の朝風呂に浸かりながら聴くノラ・ジョーンズも、夜のしじまに聴くニーナ・シモンもトーンはぜんぜん違うけどやっぱり暗い。ああそうだったのかと気づく。私がふだん見せることができている明るさを縁の下でしっかり支えてくれているのはそういう暗さなんだなって。思いつきで言えばそういうことかな。そしてそんな名だたるディーバたちを押しのけて、新星ジョルジャを聴いたとたんこころのゲストに決定してしまったのはたぶんこのザワザワのせい。声質も歌い方も楽曲も総力をあげてザワザワと暗い。それが落ち着くなんて私が元気な証拠だ。笑。

ジョルジャが「お寿司が好き」と言っている記事を見つけた。もう、それでいく。握りはお寿司屋さんにまかせよう。押し寿司なら自由に楽しめそう。なんて思ってる矢先に彼女がグラミーの新人部門にノミネートされた。それならばと発表を待たずに作ったお祝いムード漂うこの押し寿司。赤酢めしで挟んだ具材を下から言うと、やや中トロに近い赤身のマグロを使ったねぎま、甘辛く炊いた干し椎茸と穴子、出汁の効いた卵焼き、胡瓜と大葉の塩もみ、柚子胡椒風味のヅケにした湯引きの鯛。そしてその上にトマト寒天を流し込み、さらに卵の黄身を茹でて裏ごしして炒ったもの、蒸して砕いた空豆、買うのをだいぶビビったキャビアを盛った。黒い花に見立てた裏返しのどんこや菊の酢漬け、大好きな季節の野菜「紅菜苔《こうさいたい》」のおひたし、紅白の蕪の甘酢煮も添えて。そしてポテトサラダ！こんな組み合わせが好きそうな顔してる。笑。果たしてジョルジャは最優秀新人賞を逃したけれど、グラミーの話題がなくても私はこの押し寿司を作ったんじゃないかと思った。ただしキャビアは使わなかったかな。

1997年、イギリス・ウォルソール出身。ソウルシンガーの父を持つ、歌手、アーティスト。2016年1月、デビューシングル『Blue Lights』をリリース。2018年1月、過去にはアデルやサム・スミスらも受賞した「Brit Critics' Choice Award」を受賞。同年6月、1stアルバム『Lost & Found』を発表。そのままの勢いで第61回グラミー賞最優秀新人賞にノミネートされる。※写真はCD『Lost & Found』(私物)より
（2019年5月号掲載）

押し寿司ファンタシー

こころのゲスト36

バカボンのパパさん

腸内に善玉菌をいっぱい増やすことと、
日々の暮らしの中を「これでいいのだ」と
思える瞬間で満たすこと。
それが、これからの私の
しあわせの鍵を永遠に握っていると思う。
バカボンのパパは間違いなく
ずっとずっと日本の歴史に残る人。

探し物をしていて去年の手帳をめくっていたら、タイムリーな走り書きを見つけてしまった。「自由《じゆう》とは。自《みずか》らを由《よ》しとすること」って、おぉ、これ、どこで見つけた言葉だったかな、忘れちゃったけど、もう、まさに、本日の話題、「これでいいのだ」というパパのセリフと表裏一体！赤塚不二夫さんは『天才バカボン』を発表するにあたって、「まず思った、バカに真実を語らせようと」って言っているのだけど、私は「これでいいのだ」というセリフの凄さに気がつくまでにずいぶん時間がかかってしまった。語感が、パパの言い方が気持ちいいから、深い意味じゃなくて使うことはあったけど、実際は「これでいいのか」って考えていることの方が多い日々だった。

　私は料理人になったことでいろんなことがよくなった。低血圧や冷え性、アレルギー性鼻炎。いつの間にか消えた。心もだいぶ丈夫になった。もちろん料理という好きなものを見つけたことが大きいと思うけれど、さらには料理の味見をするたびに身についてきた「これでいいのだ」っていう感覚のおかげなんじゃないのかと。こじつけに聞こえたらごめんね。笑。でもほんと、フィニッシュで味を決める瞬間はただただやわらかい集中力で自分が求めているものに触ってGOサインをだす。この感じでいけたらな、料理以外の時だって。

　バカボンのパパがレバニラ炒めを食べてるシーンを覚えているので今日はそれを作ろうと思うのだけど、どこの中華屋さんより美味しく作る自信はない。考えてみたら作ったこともないって真顔になった瞬間、黄ニラでいこうって思いついて楽しくなった。にんにくや生姜や紹興酒で漬け込んだ牛レバー。もやし、キクラゲ。手持ちの五香粉の香りが頼りなくてクミンシードや豆豉を。黄ニラでレバ炒め、どこかで誰かが作っていたとしても、やっぱり私は見たことがないものを作るのが好き。鶏のスープをベースに中華中華と念じながらも自由に味つけたトマトスープを一緒に。今日はこれでよし。

1967年に『週刊少年マガジン』で連載がはじまり、時代を超えてテレビアニメ、CMへと活躍の場を広げた赤塚不二夫の漫画、『天才バカボン』の主人公（当初はバカボンが主人公だった）。聡明で美人な妻と2人の息子、バカボンとハジメと暮らす。口癖は「これでいいのだ」の他に「タリラリラ〜ン」「コニャニャチハ」「はんたいのさんせい」「さんせいのはんたい」などがある。©赤塚不二夫（2019年6月号掲載）

レバ黄ニラ炒めなのだ

こころのゲスト37

坂口恭平さん

恭平様と呼びたいくらい尊敬もしているけれど、
恭平くんと呼ばせてもらって、
その存在を身近に感じていたい人。
超極細の繊細さと爆発的な実行力で
今日を生きている。
もっと的確にどんな人か説明したいけれど、
うー、それはちょっと無理。

1978年、熊本県生まれ。早稲田大学理工学部建築学科卒業後、2004年、路上生活者の住居をテーマにした写真集『0円ハウス』を刊行。以降、『TOKYO 0円ハウス 0円生活』を皮切りに多数の著書を出版。2012年にワタリウム美術館にて開催された「坂口恭平 新政府展」ではドローイング、映像、モバイルハウスなど一挙に展示、話題に。2023年、熊本市現代美術館にて個展「坂口恭平日記」を開催、700枚以上のパステル画を展示した。（2019年7月号掲載）

坂口恭平くんの存在を知ってから、私の中の何かが確実にラクになった。彼が世間に公開している携帯番号は私にとって今のところ最高で最大のお守りだ。

とにかく恭平くんは凄い。湧きでるイメージをフルスピード・ノンフィルターで定着させていく小説も絵も歌もぜんぶ凄い。昨年末に出版された料理本（なんと！）なんて歴史に残る素敵さだし。遡れば建てない建築家として出版した写真集『0円ハウス』も東日本大震災が起きた後に出版した『独立国家のつくりかた』も凄かった、けどさらに驚くほど凄いのは携帯番号を世間に公開している理由だ。

恭平くんは本気でこの世から自殺者をなくしたいと思っている。そのために自殺ギリギリの人々からの電話を受けとめるということを生活の一部にしているのだ。恭平くん自身、躁鬱病という病を抱えていて、死にたくなる感覚も生きたほうがいい感覚も強く知っているのだろうと想像すると、この救済のしごと（もちろん無償です）は最高に天職だ。こんな風に自分も他人も関係なくすべての感情を受けて立つ人っているんだな。こんな生々しくて博愛に満ちた人を知ってるだけでも力になるし、孤独でどうにもならなくなっても彼の携帯番号を知っているから大丈夫って私はほんとに思ってる。

恭平くんへのお皿は先日はじめて旅した南インドのイメージを重ねてみよう。インドから帰ってきてからなんかラクーになれた感覚が似ていて。キーワードは「ゼロ」かな。でもこの話はまたね。料理しなくちゃ。笑。小ぶりの丸鶏にディルやライムリーフを思いっきり詰めて塩を塗り込んでから一瞬揚げて、周りを覚えたての豆のカレーで固めてオクラなどを散らし、バナナの葉っぱで包んでじっくり焼きました。添えたのはココナッツやカレーリーフも効かせたパイナップルのホットマスタードソース。めざしたのは食べにくくてもワイルドゆえのジューシー、スパイシーでも優しい味。ぜひ手づかみでいっちゃってください。

鶏まるごとバナナの葉っぱ包み焼き

こころのゲスト38

クリス智子さん

料理をする時にはものすごくバランスに想いを馳せる。香り、食感、色合い。甘さ、酸っぱさ、辛さ、苦さ、強さ、弱さ。そして私の好み、食べる人の好み、今日の気配。例えていえば、クリス智子さんの声のバランスってその理想なんです。

ずるいよ、クリスさん。どうやったらそんな国宝級のバランスを身につけられるのですか。人にやさしく自分にやさしく、人にきびしく自分にきびしくできるような、そのニュートラル感。クリスさんにインタビューされる人は、みんなすごく楽しそう、楽チンそう。会う前に、読んだり調べたり足を運んだり考えたり、できる限りの準備をするけれど、目の前にいる人との会話がはじまったら、クリスさんはちゃんと全部でそこにいて、反応して、ひらめいた質問をしたり、笑ったり、うなずいたり、つっこんだりする。それがまるでマイクやカメラなんかないような感じだし。適当に話を合わせたりするのを聞いたこともないし。クリスさん、ずっとそう。クレバーでナチュラル。仕事とかプライベートとか関係なく、出会ったもの聞いたこと見たものすべてに自分はどう感じているのかなって常に深くさわっていないとこういう人にはなれそうにない気がします。その感じは当然のようにすべて声に現れていて。なんだろう、この声っていつも思っちゃう。曲紹介の時に日本語から英語に変わってもまったく一緒な感じがまたよくて。

今日のメニューは私の好みまるだしで鴨せいろを東南アジア寄りにしたものを作ることに決めました。クリスさんへの憧れが転じて、きっと私と同じものが好きなはずって、思い込み。鴨の胸肉は皮目をじっくり焼いて中はロゼに保ったまま一晩タレに漬けてスライス。生姜を効かせた鴨つくね。鴨の脂で焼いたネギと茗荷。湯むきトマト。そして生姜にんにくネギ、コチュジャン、麻辣醤、紹興酒、醤油、黒糖、ナンプラー、ライムで作って寝かせたタレを、昆布鰹節、鯖節で取った出汁で割ってすべてをまぜて蕎麦つゆ完成。ハーブはたっぷり、チャイブの花もネギの風味に似ていい薬味に。山菜の季節なのでコゴミとコシアブラも添えて。なんか中華蕎麦も合いそうってクリスさんがコロコロッと言いそうで、急遽、日本蕎麦とハーフ盛りにしましたよ。

1971年、ハワイ生まれ。アメリカ人の父、日本人の母を持つ。上智大学比較文化学部専攻、94年、卒業と同時にJ-WAVEのリクエスト番組でナビゲーターとしてデビュー。同局の番組をはじめ多くのコンテンツでパーソナリティを務めるほか、TVナレーションやイベントの司会、さらに声の仕事だけにとどまらず、執筆活動など幅広いフィールドで活躍している。（2019年8月号掲載）

東南アジア的鴨せいろ

こころのゲスト再提出

クリス智子さん

100を数えて愛しいまま終えた
「お皿のラブレター」再提出の巻です。
第38回こころのゲスト、クリス智子さんへ。
やり直したいことを
やり直せるチャンスをいただきました。
ごちそうさまです。
これで満たされました。たぶん。笑♡

(2025年2月号掲載)

100のラブレター。途切れることなくどんどん好きになって無心で追いかける、すごく心身にいい体験でした。見返りを求めていないからお皿が完成して受け取ってもらえただけでとってもうれしくて。その後、こころのゲストのみなさんが活躍しているニュースを知るのはやっぱり最高で。食べものについてトークしていれば、きっちりこころのノートにメモしていつかに備えてしまいます。好きな人の好きな食べものはいつだって把握していたい。

振り返るよりどんどん先に行きがちな私がクリス智子さんへのお皿のラブレターをできるならやり直したいと思い続けたのはきっとその部分。器やクロスが違ったとかそんなことよりクリスさんの好きな食べものについてちゃんと調べなかったという後悔。好きなラジオナビゲーターの人に友だち感覚を抱いてしまうというあるあるなのか、今日は私の食べたいものを作らせてなんて甘えて作った「東南アジア的鴨せいろ」だった。それでもラブレター効果の運なのか、共通の友人がクリスさんとリアルに会わせてくれて食事を楽しんでもらったり、ラジオ番組に呼んでもらったりする日がやって来て。J-WAVE生出演中にラブレター再提出を申し出てしまいました。しかも今回は直に好きな食べものを聞いてしまうという甘え方で。へえ、巻いたもの。ブリトーとかキンパとか。意外な組み合わせ、美味しい酸味。なるほど。「だけど前回のお皿もとても食べたかった」と言ってくれた気持ちが私の何かを揺さぶって、ニヤリとメニューが決まりました。鴨せいろを作った素材でブリトーを作る! 蕎麦粉のトルティーヤ、巻いたのは鴨のロース&ソーセージ、甘ずっぱいネギ味噌、香茸と舞茸のソテー、スクランブルエッグ、セミドライトマト、春菊マヨネーズ。サイドには黄金千貫芋のチップス、白花豆、オレンジベル、ツルムラサキの花芽で3種のピクルス。最後にカットするスリルを十分に味わって100+1のコンプリート!

リメイク・ブリトー

こころのゲスト39

大竹伸朗さん

細い1本の線も、ジャンクで巨大な塊も、
スッと溶かした色も、重ねて重ねて重ねて
溢れだした色もぜんぶ好き。
私が強烈にカッコイイと思う美術作品を
毎日毎日生みだしている人。
こころのゲストリストに
ずっと名前があったけど、今、なんです。

1955年、東京生まれ。1974〜1980年にかけて北海道、英国、香港に滞在、1979年に初作品を発表後、個展、グループ展多数。2006年東京都現代美術館全フロアを使った回顧展「大竹伸朗 全景 1955-2006展」以降、2012年「ドクメンタ(13)」、2013年「ヴェネチア・ヴィエンナーレ」などに参加。近年では東京国立近代美術館での「大竹伸朗展」(2022年)が愛媛、富山へ巡回した。画集、エッセイ集など多数。
(2019年9月号掲載)

私が世界でいちばん好きな画家はやっぱり、やーっぱりこの人だ。画家でいいのかな、もっとふさわしい言い方はなんだろうと考えていたら、芸術家っていう名詞なんか蹴とばして「ストリートファイター」って単語が落ちてきた。ああ、なんだかしっくりくるなあ。いつだって衝動とともに手が動く大竹君。その衝動は街に落ちているようだ。そこらにあるチラシやネオンサインやゴミが彼の網膜を通過すると、こんな作品になっちゃうのかって、とにかく好きだし、そこに充満するエネルギーにいつも思いっきりやられてしまう。

ずっと前、コピーライターだった頃、青山通りでばったり大竹君に出くわしたことがあった。彼の個展をすでに何度か見にいって面識があったから挨拶を交わし何かを喋ったんだけど、私はほんとうに恥ずかしかった。どんなにきつくても好きなことに突き進んでいる大竹君の前で、ちゃんと好きなことをやれている自信がない自分がどうしようもなく恥ずかしかった。一生忘れないなあ、あの瞬間の気持ち。どんな街角で会っても、このかっこいいファイターの前でまっすぐ普通に立っていられるような私になりたいと思った。

やっと大丈夫な気がしてます。料理することが最高に好きだからね、そろそろ大竹君にラブレター。『情熱大陸』の中で東京から宇和島まで自費で取材にきてくれた若い編集者のことを思いながら屋台で焼そばをかっ込むシーンがある。今日のモチーフはあれしか思いつかないな。食べやすいし面白いから春巻仕立てにしてみよう。器は捨てないでとってあった箱や卵ケースでコラージュ！ キャベツと豚肉のソース焼そば、紫キャベツとキクラゲと干しエビの塩焼そば、人参と鶏もつの辛い焼そばを巻いて巻いて。調子にのって枝豆とブロッコリーと甘くないフレンチトーストの春巻、ここだけ贅沢にとウニと鯛と黒米の春巻も。ラー油ベースのソースとカラシと作りたてのマヨネーズを添えて。うん、やりたいようにやれました！

焼そばの春巻BOX

こころのゲスト40

ヴィヴィアン・ウエストウッドさん

セックス・ピストルズのパンクファッションを作りあげたことなんてヴィヴィアンはもう話題にもしたくないみたいよ。かっこいいなあ。過去はただの過去だし、いま好きなものしか作らない。こうゆう先輩に美味しい！って言ってもらえる料理を作りたいよ。

素材を生かす、って話になると決まって「美味しい野菜は蒸してちょっと塩をしただけで最高」って誰かが言う。このやり取りを耳にするたびに私の心の片隅がしばしシュンとしてしまう。美味しくしようと思って色々やっちゃうことが素材を殺していると言われようと、やめられはしないのだけど。そんな私のうすいモヤモヤをバコーンと晴らしてくれたのがヴィヴィアン・ウエストウッドの映画だ。今年78歳、すごいです。顔的に言ったらけしてガーリーな服が似合う感じでもないのに自然に着ちゃってるし、ドレスもメンズライクもあれもこれも着こなす姿に見入ってしまった。素材、生きてるなー。パンクでエレガントなアクティビスト、ヴィヴィアンという素材が。シンプルがいつでもベストなわけじゃないね。決めつけちゃって感じることを休んでしまわぬように。

で、エイジングビーフなんてどうだ、熟成させて更に美味しくなるなんて素敵じゃない？とマイほうれい線を撫でながら思う。さっそく「あか牛の赤身」をテキーラに一日漬けてから、細心の注意を払いつつ熟成にいそしむ日々。そして仕上がりを確信した時なぜかふと思った。ん？彼女、ビーガンだったりして……。検索ワードを絞ってみたら案の定。やっぱりそうか。とんでもない間違いをするところでした。コンセプトに頼り過ぎたね。でも同時に好きな食べ物はレタスと答えている記事も見つけたからよかった。隅から隅まで無農薬・無添加で仕上げますよ。

ロメインレタスとフリルレタスをたっぷり使ってライスベリーという細長くて黒いタイ米でチャーハンに。しかしエイジングというキーワードも捨てきれなくて、ミニトマトをセミドライにしたり、天日干しの椎茸の存在感を引き出したり。パクチーを野沢菜漬けのように仕込んで刻んで豆腐と一緒に炒めて具にしたり。他にも新にんにくやバジルや野菜をじっくり揚げたり素焼きにしたり。ひと匙《さじ》のバランスを想像しながらやっぱり色々やっちゃいました。

1941年、イギリス生まれ。1983年にファッションデザイナーとしてパリコレクションにてデビュー。イギリスの伝統的なクラシックとパンクを融合させたスタイルで一気に有名に。1990、1991、2006年と3度もデザイナー・オブ・ザ・イヤーを獲得している。環境保護活動にも熱心なアクティビストでもある。『ヴィヴィアン・ウエストウッド 最強のエレガンス』DVD¥5,170（税込） 発売・販売元：KADOKAWA（2019年10月号掲載）

ライスベリーのレタスチャーハン

こころのゲスト41

フェラン・アドリアさん

誰が世界でいちばんなんて、
誰にも決められやしないだろうけど、
いま生きている料理人の中で
かなりかなり有名なフェラン・アドリア。
その影響力はこんなチンピラな料理人である
私にも及んでいたことを久しぶりに思い出したので、
御礼方々恐れ多くもお皿のラブレター。

エル・ブジで修業した料理人がシェフを務めるレストラン、世界中にいっぱい。そうは思っていたけど、旅先のインドでここにもそんな店ができていると聞いて、トドメを刺されたような気になった。やっぱり果てしない影響力だな、フェラン・アドリア。

ずっと前のある日、新人料理人の私はぼんやりと『専門料理』という雑誌をめくっていて、一皿の料理にほんとうに目が釘付けになった。説明を読んだらそれはいわゆるアイスクリームの盛り合わせだったのだけど、その色味、なんだかわからない質感、胸騒ぎがするくらいかっこよくて。この気持ちを落ち着かせるには食べにいくしかないと思い、実行することにした。一所懸命スペイン語で予約お願いのメールを書いて送ったら、一発ＯＫで予約がとれて。いい夏の夜だったなあ。タネも仕掛けもあるときめきの料理。私は大きな自由をもらった気がしたし、やたらとやる気が湧いてきて困るくらいだった。そして料理の細部は忘れても、高級が苦手な私をホッとさせるようなポロシャツで迎えてくれたマネージャー氏の笑顔や、満腹で店を出て暗い道をくねくねとクルマで下りながら眺めた町の灯り、あの完璧な余韻は忘れない。これだよなあと思った。刺激と抱擁。これからも私はオーソドックスな技法でしか料理をしないかもしれないけれど、目指す食卓の風景が見えたような気がしたっけな。

知らなかったよ、エル・ブジもタケハーナも2011年に閉店。それも勝手に記念して、フェランに食べてもらいたいのは「塩おはぎ」。純粋な赤紫蘇ふりかけをまぶしたもち米を小豆と西京味噌と塩で炊いたつぶあんで包んだおはぎをコースのシメにとあるとき思いついて、珍しく定番にしようとしているんだけど、どうかな。それから「へしこ」と呼ばれる鯖の糠漬け。浅漬けにして塩味を抑えて皮目を炙ったものと、赤紫蘇で漬けたガリをどうぞ温燗《ぬるかん》で。金継ぎしたお皿も含めて好きなものばかりを差しだした気分です。

1962年、スペイン・バルセロナ出身。世界で最も予約の取れないレストランと称されたエル・ブジ（カタルーニャ語ではエル・ブリ）のシェフ。実の弟と共に人の五感すべてに働きかける驚きの料理を生み出した。料理と科学を融合させたとも言われ、世界中の料理人に影響を与えた。2011年エル・ブジ閉店後もさらに意欲的に活動。新たな動きに目が離せない。※写真はエル・ブジで撮影したもの（私物）より（2019年11月号掲載）

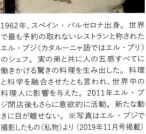

「塩おはぎ」と「浅漬け鯖のへしこ」

こころのゲスト42

あいみょんさん

男っぽいとか女っぽいとか。
攻撃的だとか受け身だとか。
めちゃ切ないだとかまじめにエロいとか。
あいみょんの中には
正反対の感覚がみっちり詰まってるようで、
そこがきっと私、大好きなんだと思う。
多彩な食感っていうか。

1995年、兵庫県西宮市生まれ。父親の影響で音楽のある環境で育ち、中学生の頃から作詞作曲を始める。2016年に『生きていたんだよな』でメジャーデビュー。2018年にリリースされた5thシングル『マリーゴールド』はストリーミングチャートで20週連続1位を記録。同年、NHK紅白歌合戦に初出場。2024年9月には最新アルバム『猫にジェラシー』を発売。（2019年12月号掲載）

ヒット曲『マリーゴールド』を聴き終えたラジオパーソナリティの渡辺祐さんが唸るように言ってた。この曲はすでに毎年夏が来るたびに必ずかかる曲みたいな安定感がありますねー、と。ほんとそうだよね、あいみょんという名前の響きにもそういうところあるよ。はじめて聞くのになんだか懐かしいっていうか。十代？二十代？ボリュームを占めているファン層。だけどベテラン男性ミュージシャンがあいみょんのファンですって公言しているのをよく耳にするし、超ベテラン年齢女性の私も含めてめちゃくちゃ幅広く愛されてる。母性も父性も感じる魅力的な声、本質的な感情をいろんな表現で表そうとトライしている歌詞、あるがまま喋ってるなーって思える生トーク。むりやりまとめてみると私にとってはそんな感じがツボ。

好きな食べ物はいくらとか。いいね、紅くてむにゅっとしていて、あいみょんが連想させるエロい歌詞のイメージにもぴったり。笑。17歳の時に古本屋で買った官能小説の表現力にそれ以来とても影響を受けているという有名なエピソードも大好きです。

いろいろイメージを飛ばしてみたけど、やっぱりいくらはごはんと食べると美味しいね。そこを押さえて、はじめはどんぶり仕立てにしようと考えた。まず里芋の炊き込みごはんを焼きおにぎりにしたものがあって、その上にモロヘイヤと大葉とかつおだしで作ったトロトロが掛かって、そこにいくらをどーん。ちょうど筋子の季節、たっぷり醤油漬けにしてね。そしてこのメニューをイメージして、初体験した陶芸でヒラヒラした器を作ってみたんだけど、ごはんがぜんぜん見えなくなっちゃってエロさ半減。そこでとっさに電動ロクロで作った平皿のほうに盛りつけてみたら、なんか変態チックで落ちついた。笑。一時はまったというぶりがっこやカリカリに揚げた細切りのごぼうを混ぜながら食べると、飽きない食感が楽しめるはず。ヒラヒラよりギリギリをめざしてみました。

ニューいくらごはん

こころのゲスト43

ペコさん

大好きな映画『ピンポン』のキャスティング、
すごいはまりよう。
公開から何年もたっても、
何度も観ても、つくづくすごいなって思う。
そして主人公ペコのトレードマーク、
☆がついた服は私の好きパターン。
もっと好きな理由はどこって考えていたら
ポテチの袋なんてすぐ空く。

本名、星野裕。『週刊ビッグコミックスピリッツ』に1996〜1997年に連載された松本大洋原作の漫画『ピンポン』の主人公。2002年に映画化、ペコ役には窪塚洋介が。脚本を担当しているのはヒットメーカー宮藤官九郎。illustration：Yuko Saeki
（2020年1月号掲載）

どうして好きなの？どこが好きなの？うまく言えた試しがない。人、物、作品。すごく好きなものほどむずかしいな。こんな例えで恐縮ですが、私がいちばん好きな食べもの「ガリ」について語るとき、うちの冷蔵庫にはいつでも何種類もに漬け分けたmyガリが入っているとか、旅に出るときはポケットに入れておくとか、エピソードならいくらでもたたみかけられるのだけど、その理由の核心にはちっとも行きつけない。

映画で言えば『ピンポン』。はじめてDVDを観たとき、エンドロールが終わったとたん、またアタマから観てしまった。レストラン業務を終えて帰宅した真夜中の3時過ぎから観はじめたというのに！映画館だったらどうしていたかな。先日もNetflixでこのタイトルを見つけて懐かしくなってふと観てしまったら、なんとまたつづけて2回。どうして？実は昨日も（これは原稿〆切からの逃避か）。この中毒性、脚本のクドカンマジックということで納得しようとも思ったのだけど、やっぱりほんとの理由がわからない。保育園に通いだした4歳の息子に好きな子ができたっていうんで、その子のどこが好きなのって父親が聞いたら、「知らないよ。オレのカラダが好きって言ってるの！」と言い放ったという実話があるんだけどそういうコトね。

主人公のペコさんはいっつもジャンクフードを食べている。ほぼ袋菓子。味についてもちょいちょい語るのでやりにくいけどやるしかない。スナックに挑戦です。軽く干した椎茸はたっぷり片栗粉をまぶして、鷹の爪やスターアニスの香りをつけた油でチップスに。栗の甘辛カラアゲも一緒に袋詰め。ひよこ豆が2粒ずつ入ったカレーパンは天然酵母の生地で。粉末の白味噌と地がらしを利かせたメレンゲ、これがむずかしかったー。ピンポン玉そっくりにしたかったけど3回やり直して妥協してしまった。軽さは似ているんだけどな、リピート必至な味になったかどうかちょっと心配。

秋のスナック（スパイシー椎茸チップス＆栗カラアゲ・味噌味メレンゲ・ひよこ豆のミニミニカレーパン）

こころのゲスト44

ジャシンダ・アーダーンさん

その発言やエピソードを知れば知るほど、世界一に見えちゃうこの笑顔。ニュージーランドの首相、ジャシンダ・アーダーンさん。もしかしたらお肉を食べない人かもしれないという思いもあるけれど、野菜だけでも飽きないような鍋になっていたら嬉しいです。

1980年、ニュージーランド・ハミルトン生まれ。大学卒業後、政治家の事務所でアシスタントとして勤務した後、アメリカ、イギリスで内閣府政策顧問などの経験を経て帰国、28歳でニュージーランドの国会議員に。2017年には労働党の党首に就任。そして同年10月、37歳で首相に。就任3か月後に妊娠を発表、6週間の産休を取り話題に。その間、スムーズに国内外の職務を果たしてみせたことも含めて強いリーダーシップを発揮した。
Photo：AFP/ アフロ（2020年2月号掲載）

やーん、もう！こんなにいちいち正しいことを言う人がいるんだ！それも政治家、しかも国のトップで！ジャシンダ・アーダーンさんの存在を知って、彼女に関する記事を一気に読み、そのスピーチ動画を食い入るようにみて思いました。うらやましいなあ、ニュージーランド、とも。首相の責務を果たしながらちゃんと産休を取った話や、幸福を国家予算に組み込むという挑戦の話、友人みんなに勧めたい記事ばかり。そして特にこれ、2019年3月に起きたクライストチャーチ襲撃事件後の発言には涙が。「犯人はこのテロ行為を通じて色々なことを手に入れようとした。そのひとつが悪名だ。だからこそ私は今後一切その男の名前を口にしない。大勢の命を奪った男の名前ではなく、命を失った大勢の人たちの名前を語ってください」。地球の裏側まで一瞬で突き抜けるような真っすぐな目でアーダーン首相は言った。そして銃規制についても一歩踏み込んだ発言を。裏の厄介な事情をスパッと無視して、人類として間違っていないほうをちゃんと選んで堂々と発言するトップがいる。そんな国で暮らせるのはどんな気持ちだろう。

　ニュージーランドの美味しいラムを使って、日本流の楽しみ方を味わってもらえたら。新しい命と一緒に家族で過ごす時間、鍋をススメよう。昆布と干し椎茸メインに少しの鰹節で取った出汁。にんにく生姜、そして完熟トマトの甘味と酸味を少し。ナンプラー、醤油、塩をバランスよく使って薄くもなく濃くもなく。元気な野菜も一緒にしゃぶしゃぶ。からし菜、ルッコラ、小松菜、アレッタ、クレソン、椎茸、じゃがいも、カラフル人参。そしてつけだれの代わりに用意したのはわさびクリーム。今回はちょうど西洋わさびが届いたので、それをすり下ろして使いました。塩と醤油とレモンを少しずつ入れて、しっかりホイップ。なんか奇をてらってるみたいで恥ずかしいんだけど、自然に思いついて、自然に美味しいと思ったのでぜひ食べてみてもらえたら！

ニュージーランドのラムしゃぶ鍋（わさびクリームでプリーズ）

こころのゲスト45

ユザーンさん

日本に存在する歌をユザーンがアレンジ、
タブラMIXにしてくれたら、
ぜんぶ好きになってしまいそう。
インド・ベンガル地方の料理の本を
出してくれたり、
いつも私を知らない世界へ運んでくれる。
そのお返し、できるでしょうか。

ユザーンの音楽、言葉、料理。スペース足りないから箇条書きで褒める！ ①ユザーンが繰りだすタブラの音を聴いていると、自分が水になったみたいに気持ちいい。ずっと無になって流れていけるような。インドにいるユザーンの師匠たちの音じゃダメなの。②ユザーンのツイート！ 笑う！ 声出ちゃう。私だったらイライラしてしまうような日常の出来事をどうしてそんな見方で書けるのか。なんかダメージにふりかける柔軟剤を持ってるみたい。意志は思いきり固い人だけど。③昨年のスパイスカレーブームのとどめにユザーン監修のベンガル料理の本が出た。その少し前に私はやっと人生はじめてインドに行き、本場のスパイス使いを少し覚えて盛りあがっていたところ、まるで知らないオイルやスパイスがぞろぞろ出てくる本が。ユザーンは私の何倍のカレーを食べてきたんだろう。びびる気持ちはある、けど、素直になれば、ユザーンに食べてもらいたいカレーも目に浮かぶ。スリランカやインドの旅を体験してなお、やっぱり好きだと思える27年前に作って「インド煮」と名づけた汁々なやつ。具はマグロと大根とこんにゃくとレーズン。インドみやげにもらったビッグカルダモンがきっかけだった。オイルでホールスパイスの香りを立たせ、炒りたてのパウダースパイスとヨーグルトでルゥも作るけど、とにかくスパイスとかつおだしと醤油と味醂の奇跡のバランス（友人談）、蕎麦屋のカレーとは違う。その具はなくなったけど深みが増した3日目の汁をごはんにたっぷりかけてスルスルとかき込んだとき、その快感にびっくりしたのでぜひそれを！ 柚子の皮の香りをプラスして。新年だから塩味の燻製玉子、紅芯大根の酢漬け、クミン風味の梅干しとパパドのカレーリーフ揚げも添えたけど、なくてもね。

1977年、埼玉県生まれ。オニンド・チャタルジー、ザキール・フセインの両氏に師事。2010年に発売された『ムンバイなう。』は毎年タブラ修業で滞在するインドでつぶやいて評判になったツイート集。2014年に坂本龍一、コーネリアス、ハナレグミらをゲストに迎えたソロアルバム『Table Rock Mountain』をリリース。2016年には赤塚不二夫の生涯を描いた映画の音楽を担当。シタール奏者の石濱匡雄が作るベンガル料理の本を監修してそちらも話題になっている。
（2020年3月号掲載）

インド煮茶漬け

こころのゲスト46

コナツさん

小顔でダイヤモンドアイ。
とってもプリティな顔をしているのに。
やきもち焼くと超ダミ声だし、
ちょっとホラーな猫、コナツ登場です。
狩猟本能全開で生き抜いた彼女には、
骨いっぱいのラムラックを。
かつおだしで半身浴させながら、
柔らかくローストしたからね。

きっかけはある雑誌の連載のタイトル、以来なんとなく自分のスローガンみたいになっている言葉がある。「季節は神さま。料理は友だち」、そしてもう一押し、「猫は師匠」とつづければ、私の自己紹介は完璧。こんな都会で人に混じって暮らしながら、猫は野性を失っていない。そんな真実にある日ふと気がついて、私も猫を見習って生きていこうと思ったのです。

その頃、私はナツとコナツという兄妹猫と暮らしていた。母親は半野良、父親はたぶん生粋の野良。生まれて2〜3か月の頃にウチにやって来た。最近は様々な事情を考慮して、外には出さずに飼うことがほとんどになっているらしいけど、私にはそれが出来なかった。最初のワクチン接種が終わった頃から「外に出してくれー」って騒ぐ彼らを止められなかった。だって私が猫でも同じ想いだよと思ってしまって。幸いウチのお風呂場は窓の外に鉄格子が施してあって、猫は通れるけど人間は無理という状況。だからもう好きにしてもらった。24時間出入り自由。そうして私は狩猟本能をむき出しにして生きるコナツの姿を見ることになった。基本的には雀とネズミだ。甘噛みして生け捕りして来て、私の前で放してみせることもあれば、血一滴残さずに頭と尻尾や足だけを残して置いてあるときもある。ネズミのお腹の皮をそっとはいで置いてあったこともある。まるで内臓が美味しいのよと教えてくれるかのように。鳩ぐらいの大きさの鳥だって内臓から攻めていた。そんな日々。家族を養う母性本能から雌猫は狩猟場を持っているって聞いたけど、こんな世田谷の住宅地でほんとに凄かったな。そんなコナツも年老いて、何も食べずに死に向かう最後の日々がやって来たときも、ふと骨付きなら？と思いついてラムチョップをあげたら、アゥアゥ言ってかぶりついていた。飲み込めなかったにしても嬉しそうだったなあ。コナツ、私も野性の食事を心がけて生きるよ。そしてみなさん、ナツのストーリーも乞うご期待！

東京・田園調布生まれ。世田谷上野毛育ち。キジトラ雑種♀。4匹兄妹の推定末っ子。黒と茶色に分かれた顔の模様が珍しい（某獣医談）。特技は狩り。尻尾骨折1回。2010年2月2日、最後はふとんの上で横たわったまま、脚をパタパタッと動かし、空に駆けあがるように他界した。享年15歳。
（2020年4月号掲載）

骨いっぱいのラム、猫草添え

こころのゲスト47

下田昌克さん

ふなっしーやくまモンの着ぐるみが
置いてあってもじっと見るだけだな。
下田昌克の恐竜が置いてあったら、
被りたい衝動を止められないな！
この果てしない魅力はなんなんだろう。
血だらけで縫ってるらしい。
骨を見たら、スープを取ることしか
思いつかない私とは違うな！

1967年、兵庫県生まれ。26歳から2年間、ネパール、インドをはじめヨーロッパ各地を回りながら、出会った人々のポートレートを描き続け、帰国後その作品で『週刊アサヒグラフ』の連載仕事をつかみ、画家としてデビュー。恐竜作品は2018年のパリコレでCOMME des GARÇONS HOMME PLUSのヘッドピースとして登場。世界中の話題に。『死んだかいぞく』（ポプラ社）など絵本も多数。（2020年5月号掲載）

出遅れた。下田さんが布と綿と糸で生みだす恐竜の骨のことを知ったのは、詩人・谷川俊太郎さんとの共著、『恐竜人間』という一冊の中。それはもう久しぶりにグッときた立体物で。空想をかき集めて空中に描きあげた力強いデッサンみたいでさ。この本の出版を記念して開催された展覧会では、実際にこの恐竜たちを被ってみることもできたらしい。知ったのは終了直後で、ほんとにがっかりした。

　ある夏の日、上野の国立科学博物館で「恐竜博」を観てテンションが上がったまま、買う気満々でミュージアムショップに直行したのだけど、欲しいものを見つけられなかった下田さんは、帰宅早々、いきなり恐竜を作りはじめたらしい。私、このエピソードが大好き。画家の部屋にはキャンバス用の布が転がっていて、そのアイボリーの色と骨がリンクして、はじまっちゃったんだね。この衝動、そして没頭、あぁ芸術家だなあって思う。そしてこの恐竜を被れるように作った本能、それがまたいいなあ。次作の『恐竜がいた』が出版されたときに開かれたイベントで、私もやっと念願かなって恐竜体験。何とも言えず興奮するから、みんなに体験してみてほしいです。

　さて下田さんになに作ろう。調べていたら、恐竜以前に旅をしながら似顔絵を描く画家として、すでにあの『情熱大陸』に出演していて驚いた。その中でもカレーを食べていたし、どう調べてもやっぱりカレー好き。そこで蘇った記憶は揚げパンカレー。食パンをくりぬいてカラッと揚げて器にして、たっぷりのカレーを盛りつけるというワンパクなやつ、むかし作ったあれでいこう。ヨーグルトやカシューナッツを効かせた「ラムボールとナスのカレー」、タマリンド風味の「牛すじと大根のカレー」、春菊ペーストで仕上げた「ひよこ豆とじゃがいものカレー」、ちょっとタイ風な「海老とトマトのココナッツミルクカレー」。ゲストは似顔絵画家だもん、やっぱり顔仕立てになってしまう。料理人の衝動はそんなところだ。

揚げパンカレー 4

こころのゲスト48

飯島奈美さん

映画やテレビCFに出現する
飯島奈美さんのいかにも美味しそうな料理。
「湯気」とか「あんばい」という、
ほんわか言葉が似合うのに、
それをレシピ！ ピシッ！みたいに
数字化してしまう凄さよ！
いつかその塩むすびを、
その唐揚げを、食べてみたいと夢見つつ。

計量スプーンを握ると、飯島奈美さんの顔が浮かぶ。ほぼほぼいつも。すごくつらい。笑。

飯島さんの料理を食べたことがある人は少ないかもしれないけれど、きっと見ているはずだ。チラッと登場しただけで、「うわあ、食べたーい」って頭から離れられなくなってしまう飯島さんの料理を映画やテレビの中で、それはもうたくさん。そして飯島さんは、そういうみんなが食べたくなってしまう料理を、みんなが作れるように分析して、ちゃんと数字化してくれるのだ。きっと何度も量りなおして、いくつも工夫して、たどり着いた答えが美味しいレシピ集となって、たくさんのお家を幸せにしている。その過程を研究者みたいだと言った人がいた。付け加えれば、母のこころを持った研究者だ。最強だなー。

私もいざとなれば、みんなのためと思えば、量りながら料理することだってできると思ったのだけど、それは大きな間違いでした。何度かトライしているうちに気がついたのだけど、量っていると確実に調子が悪くなってくる。なんか、落ちこんでくる。今となってはその症状を「計量鬱」と呼んで自嘲しつつ、ならば私は私にできることを全開でと再認識させてくれる「飯島奈美」の大きな存在なのでした。

それにしてもいったい何を作ればいいのやらと、これまた自嘲気味に飯島さんのエッセイ集『ご飯の島の美味しい話』をめくってヒントを探していたら、「いつも冷蔵庫にあって欲しいもの〜キャベツ、もやし、納豆、しらす」というー行を見つけた。よし、これでいくぜ。ぜんぶ使っちゃう。ベースは豆もやしとネギですり流しを。白味噌風味。キャベツと納豆と焼き海老と豆腐で揚げたてのがんもどき。ヒョロッと長い小野川豆もやしとしらすでカリカリのかき揚げを。ディルをチラッ。干した人参と梅つゆ味の寒天を添えて、盛り込みのひと皿。益子の友人に助けてもらいながら、器も創って、美味しさが増すように祈ってみた。笑。

東京生まれ。テレビCFを中心に広告、映画などで幅広く活躍しているフードスタイリスト。とりわけ2006年公開の映画『かもめ食堂』への参加をきっかけに、その実力が知れ渡り、以後、話題作となった非常に多くの映画やドラマに登場する料理を手がけ活躍し続けている。『LIFE なんでもない日、おめでとう！ のごはん。』『沢村貞子の献立 料理・飯島奈美』など著書も多数。
（2020年6月号掲載）

盛り合わせ汁

こころのゲスト49

モナ・リザさん

世界で最も知られ、最も見られ、
最も書かれ、最も歌われ、
そして最もパロディ作品が作られた、
レオナルド・ダ・ヴィンチの名作。
モナ・リザさんに微笑んでもらいましょう。
連載5年目突入ですから。
美味しい時、どんな顔？
めいっぱい想像しながら作りました！

世界でいちばん有名な美人は誰だろうって考えた。連載5年目突入のお祝いに華を添えてもらう、そんな気分で。一瞬、マリリン・モンローが頭をよぎりつつも、モナ・リザが浮かんだとたん、決まりだな、って思った。ん？ 美人でいいですよね？ 笑。ん？ ダ・ヴィンチの彼女さん？ あら、違うんだ。

リザさんがそこそこ裕福な絹商人の男性と結婚したのは15歳。5人の子に恵まれ、それ以外にも夫の先妻の子まで育てあげたお母さんなんですね。それはさておき、この時代のイタリア、特に彼らが暮らしていたフィレンツェあたりでは、そこそこ裕福な市民は芸術を愛し、パトロンとなって芸術家を支えるような気質があったらしい。

リザさんの旦那もそういう一人で、家の引越しと次男誕生のお祝いを兼ねて、ダ・ヴィンチに愛する妻の肖像画を発注したのですね。77×53センチの大きさって、結構な見栄の張りようだったみたい。それに応えてかどうか分からないけど、ダ・ヴィンチも彼女が実物以上に富裕層に見えるよう表現しているらしい。盛ったねーってやつですね。この暗色の服に黒いヴェール、当時の流行の最先端だったとか。ダ・ヴィンチが恋人を描いたのかなって勝手に思っていたけど、この微笑みにはドロドロした背景もなさそうでよかったです。

今回はもうこの絵をじっと見ているうちに思い浮かんだ料理を作るってことで。笑。ダ・ヴィンチさん、チーズが好きだったみたいなので、その辺りを突破口に。ラクレットやブッラータも好きそうだけど、甘くない、食事用のチーズケーキを作ったら、驚いてくれないかな。それも焼きたてなんて、私も食べてみたい。合わせるのは椎茸とポルチーニ茸のソテー、衣装の色とコーディネイトさせてもらいました。苺の季節は高級トマトを使うより作りたくなるこのソース。ジャムではなく、料理に合わせてます。添えたパンにはバジリコをたっぷり。そして。図らずも今、芸術を愛し支えることが、すごく大切な時代になりましたね。

16世紀初頭、レオナルド・ダ・ヴィンチが描いた油彩画に登場している女性。モデルはフランチェスコ・デル・ジョコンドの妻、リザ・デル・ジョコンド（イタリア・トスカーナ生まれ）。「モナ」はイタリア語で「私の貴婦人」を意味する言葉の短縮形。これは次男出産の後、24歳ごろのリザであると推定される。（2020年7月号掲載）

焼きたて塩チーズケーキの微笑み

こころのゲスト50

ホセ・ムヒカさん

人間も地球も壊れないように願うと、
ムヒカさんの言葉が聞きたくなる。
「ムヒカさん、幸せに生きるコツはなんですか」
「モチベーションを持つことです」
手帳にメモしてあったこの言葉、
自粛の日々に何度も眺めてしまったな。

私の手帳の3月27日には☆印がついていた。ムヒカさんに会いに行くはずだった。そう、映画『世界でいちばん貧しい大統領　愛と闘争の男、ホセ・ムヒカ』の公開日。2012年にブラジルのリオデジャネイロで開催された「国連持続可能な開発会議」に登場したムヒカさんのスピーチを知ったのは、今年のお正月休みの読書だった。人間の幸せについて、こんなにもちゃんと語ってくれて、どこを叩いても微塵の埃も出そうにない政治家がいるんだと驚いてしまった。すぐにでもラブレターを出したくてウズウズするくらいだったけど、なんというタイミングだろう、ムヒカさんのドキュメンタリー映画が公開されると知って、そりゃあ観てからだと待つことにしたのだ。監督のエミール・クストリッツァだって、トラクターに乗る大統領の写真を見て、「世界でただ一人腐敗していない政治家だ」と直感してから5年の歳月をかけ、やっと公開なのだ、私だってちょっとぐらい辛抱しなくちゃと思った。そうしたら、コロナが来た。

世界が息をひそめ、各国の政治家たちの口から出る言葉に耳を傾ける。いろいろな数字が、金額が飛び交う。この信じられない状況を知的な哲学者たちはどう表現するだろう。そしてムヒカさんは今、何を感じているだろう。「大勢の国民に選ばれたなら、国民と同じ暮らしをするべきだ、特権層ではなくてね。政治の世界で探すべきは、大きな心と小さな財布の人物だ」と笑って語り、大統領の給料の9割を貧しい人々のために寄付してしまうムヒカさん。深い深い知性を持ったその眼になって、今の世界を、あぁ見てみたい。

ムヒカさんの畑を思い浮かべながら、捨ててしまいがちな部分もご馳走になったらなと願った。キャベツの芯や大根の皮はチーズフリットに。パクチーの根っこ、人参やラディッシュの葉っぱも温度や衣を変えたら楽しくなった。料理をする前に、映画のDVDを観ることができて想いが増した。映画配給会社のご厚意に感謝です。

1935年、ウルグアイ出身。幼少時に父を亡くす。10代の頃から政治活動を始める。1960年、キューバに赴き、チェ・ゲバラの演説を聞き感銘を受け、その後、ウルグアイに戻り、左翼ゲリラ活動に参加。1973年に起きた軍部クーデターの人質となり、49歳まで13年間の獄中生活を送る。2010年、第40代ウルグアイ大統領就任。2015年の退任式典には多くの国民が駆けつけた。DVD『世界でいちばん貧しい大統領　愛と闘争の男、ホセ・ムヒカ』に詳しい。©CAPITAL INTELECTUAL S.A.（2020年8月号掲載）

「捨てないで」のフリット

こころのゲスト51

UAさん

今年の夏がやってくる頃に、
デビュー25周年を迎えるという。
今回は20年も前の歌を
フィーチャーしてしまったのだけど、
いま感じていることを、
すご〜く聞きたい女性のひとり、UAって。
こういう時代に日々なにを食べているのかも、
気になるんだなあ！

1972年、大阪府生まれ。アーティスト名のUAには、スワヒリ語で「花」という意味がある。1995年、ソロシンガーとしてデビュー。翌年にリリースされたシングル『情熱』の大ヒットで、その音楽性、ファッション性のみならず、そのライフスタイルにも注目が集まるように。映画出演も多数。現在はカナダの島に在住、4人の子どもの母でもある。（2020年9月号掲載）

　新型コロナウイルスの影響を受けない人なんていない。みんな、どうしているかな。きつい状況ばかりじゃなくて、いい影響だって見つけなきゃと、地球に思いをはせる人たちもたくさんいる。そもそもコロナ以前だって、この世界には問題が山積みで、元に戻ればいいというものでもないよ、そんなことを考えているときに、UAの『プライベートサーファー』という歌を聴いた。ずっと好きでずっと聴いてきたはずのこの歌詞に、驚いてしまった。これ、まるで、コロナの日々のテーマソングじゃんって。いまここに歌詞をぜんぶ書き写して、ほらここもそこもって言いたくて仕方ないのだけど、検索してみてもらえたら嬉しいです。UAがこの歌をリリースしたのは1999年。その時代も世界では紛争があり、大地震があり、銃の乱射で若者が死に、地球温暖化はすでに大きな問題になっていて、そういうすべてを、大きな宇宙のバランスを、いつでも感じながら生きているUAから出てきた言葉が、今日の私の中にたくさん入ってきてくれた。ありがとう。うーん、ほんの一部だけね。「傷ついた翼はもう　おしまいというけれど　だからこそ僕らが　急ぎ足を止めにしよう」、うん、急ぎ足、やめたいってつくづく思います。

　コロナの恐怖に負けまいと気がついたら私は私のごはんのために、やたら豆を使っていた。豆は種でもあるから、エネルギーの塊みたいに思えたんだろう。UAにも美味しい豆を食べてもらおう。自然栽培のすごいの持ってるし。小豆、黒豆、桜豆、たまご豆、そしてレンズ豆。カレーリーフをアクセントにココナッツミルクと鶏のスープでコトコト炊いて、焼き野菜とささみを散らす。実がパラパラとほぐれる安政柑のほどよい酸味に山椒の香りをプラスしてたっぷりと。冬に漬けたキムチの汁が残っていたことを韓国ドラマを見ていて急に思い出した。すごくいいアクセントになるし、発酵食品はきっとUAも積極的に食べたいはず。混ぜるほど美味しいよ。

冷やし豆粥

こころのゲスト52

リ・ジョンヒョクさん

韓国ドラマにはじめてはまったみなさん、
こんにちは。愛の不時着。
私、どうしちゃったんだろうという気持ち、
共有させてください。笑。
とめどもなく泣ける、何度も見たくなる、
これ韓流アルアルですか？
気持ちは出演者全員に、
でもやっぱり超ラブレターをこの美しい人に。

2019年12月14日から2020年2月16日まで韓国で放映、その後Netflixで全16話が一気に配信され大きな話題になったテレビドラマ『愛の不時着』に登場する北朝鮮の将校。パラグライダーによる不慮の事故で、北朝鮮の非武装地帯に不時着した韓国の財閥令嬢ユン・セリとの出会いで人生が大きく展開していく。抜群の容姿、武術も料理もピアノも、何かと一流。彼の登場で、朝鮮南北統一を願う人々が日本にも広まっていることは確か。illustration：Yuko Saeki
（2020年10月号掲載）

3月24日。人数を半分にして開催した3月の料理教室も無事に終了。26日、自粛開始1日目。これからの予定変更、中止の連絡メールあれこれ。27、28日、ブラインド掃除、床ワックスがけ、包丁研ぎに没頭。29日、映画『コンテイジョン』を観ておびえる。2011年に公開された、新型ウイルスがテーマの予言みたいなゾッとするストーリー。30日、味噌を仕込む。4月1日、ナンプラーを仕込む。せめて何か1年後が楽しみなことを、と願って。3、4日、4月の料理教室でやる予定だった「春のおべんとう」を一人で作って写真を撮って作り方を書いて、料理教室メーリングリストのみんなに送る、贈る。5日、ウイルス関連記事を漁る。6日、無になりたくて鍋磨き。7日、政府の緊急事態宣言。長引く予感。そして9日、ふとした瞬間から『愛の不時着』に、はまる。

ありがとう、リ・ジョンヒョク。ありえない純愛をありがとう！ ぽっかり空いたスケジュールも、コロナ不安でスカスカしていた胸の中も、とめどもなく流れる涙で埋めさせてもらったよ。何があっても好きな人をひたすら守る、ひたすら想う、ただそれだけの偉大さに、目が痛くてやばいくらい泣かせてもらった。見えない不安から解放してくれるセラピーみたいに。だから感謝をこめて、作ります。ラストシーンの向こう側に届けるつもりで。彼が焼く錦糸卵が素敵だったから、牛肉とウニのキンパにたっぷりね。いろんな場面に出てきたとうもろこしは甘じょっぱい薄いパンに。北朝鮮と韓国と、もう一つの舞台、スイスからスイスロールを連想して、季節のブルーベリーとプラムのケーキ。彼女はお肉が好き、だからスモーク豚やビーツでフレンチトーストロールを。揚げ鶏は外せない要素、手羽先のケシの実揚げに茗荷の赤紫蘇漬けを添えて。オクラとキュウリのディルピクルスは私の好み。どんなに困難なときもほんとうに可愛い二人だったな。ワインはロゼが似合うな。お酒も心もめちゃ強い二人だけど。

感謝のピクニックランチ

こころのゲスト53

オードリー・ヘプバーンさん

直感で好きだなと思う女の子の顔について考えてみた。
図々しいことを承知で言えば、
それは私も真逆ではない方向性。
23歳の頃に7回ぐらいお直ししたら、
オードリーに少しは似たかもよ。
そんな自分肯定感をまるだしにして、
私のトマトソースを彼女に。

かわいいなあと私が思う日本の芸能界の女の子。最近ではダントツで森星ちゃんだ。ヒカリちゃんにラブレター出しちゃおうかなってモジモジしながらふと気がついた。前からこころのゲストリストに名を連ねてる木村カエラちゃん、すでにラブレターを受け取ってもらったキョンキョン、昔の広告写真で見て、そのチャーミングさにびっくりした加賀まりこさん、この顔立ちは総称するとオードリー・ヘプバーン系って言えないかなって。なんか匂いがいっしょ。そう気づいてしまったからには、オードリーにぜひ、ですね。

ここに昨年出たばかりの一冊の本。ルカ・ドッティ著『オードリー at Home』。さすが実の息子さん、彼女の人生そのものを彼女の大好きな料理と絡ませながら描いていて、オードリー自身が語っているかのよう。アンネ・フランクを思わせるような戦争体験、ユニセフの活動、家族と食べるという行為、どれひとつとっても、知らなかった素顔だらけで。ちょっとした弾みみたいな感じでゲストに決めたけれど、彼女の素晴らしさをいま心から味わっている。

「もしこの本がただ2つのレシピのみを紹介することになるとしたら、それはトマトソースのパスタとチョコレートケーキだろう」という十分な情報が飛んできたので、私なりにまっすぐ打ち返してみたい。定番のトマトソース以外はもう食べたくないですか? 香りを使って彼女の好奇心を誘えたら嬉しいのだけど。にんにく、玉葱、セロリ、人参とトマトは皮ごと。私にとっての定番トマトソースはフレッシュなバイマックルー(こぶみかんの葉)とほんの少しのクローブがかもしだす香り。桃のサラダが好きな彼女のために、ライムとナンプラーと青唐辛子で甘さをしめた桃とグリーントマトとスモーク豚をソテーしてぜひいっしょに。チョコレート寒天はやりすぎかな。セミドライトマトを添えてバニラソースをたっぷり。彼女たちの目は知らないものに出会うとキラキラしちゃうと思うんだ。

1929年、ベルギー・ブリュッセルで生まれる。父はイギリス人、母はオランダ人。国籍はイギリス。言わずと知れたハリウッド黄金時代に活躍した俳優。1953年には『ローマの休日』でアカデミー主演女優賞を獲得。その後も数々の話題作に主演し、数々の賞を獲得している。後半生は家族のため、そしてユニセフの活動のために多くの時間を費やし、1993年、63歳で死去。※写真はポストカード(私物)より(2020年11月号掲載)

桃とトマトのタリオリーニ、チョコレート寒天のバニラソース

こころのゲスト54

河井寛次郎さん

「すきなものの中には必ず私はいる」
河井寛次郎さんの言葉。
ああ、ほんとうにそうだ。
友達が好きなものについて
話してくれる時も嬉しいものだし。
今日も好きなものの中へ、
しっかり入っていけたらいいな。

ついこの間まで、まったく知らない人だった。河井寛次郎さん。一冊の作品集を手に入れたとたん、「次はこの人にお皿のラブレター!」って心が騒いだ。どの陶芸作品もかっこよく、文章がまたすごくて。料理を作るにしろ、器を作るにしろ、この手でまだ見ぬ何かを創りだそうとする時の私に火をつけてくれる言葉、見つけては書き写さずにはいられないです。

まずはやってごらんよと、益子で陶芸の道を突き進む郡司夫妻が最小限の道具と粘土を送ってくれたことで突如はじまった私の陶芸自主トレ。闇雲に50個くらいの器もどきをこねたあたりで河井寛次郎さんと出会って、好きな器のシルエットって、ほんのちょっとの塩加減を探るようだなと気づいた。そう思うと楽しくてたまらない。

コロナ禍だからと一度は諦めた京都にある「河井寛次郎記念館」訪問。ごめん、やっぱり行かずに料理したくないと、日帰りで決行してしまったけど、ほんとに行ってよかった。受付にいらした方がとても親切で、河井家の食卓の様子に触れている小冊子も貸してくださって、河井家が暮らした家の陽だまりでそれを読んでいたら、頭に描いていた料理を自然に描き直すことができて嬉しかった。

短絡的だけど、火を感じる料理にしたいな。久しぶりの七輪、テンション上がる。季節の野菜を丸ごとじっくり焼いて、その力強さを引きだそう。素材をこねくり回すような料理は好きじゃないという寛次郎さんをがっかりさせないよう。でもそれだけじゃ終われない。ナスにはナスのディップを(白味噌と白胡麻で)。とうもろこしにはとうもろこしのディップを(山椒としじみを効かせて)。さつま芋にはさつま芋のディップを(レモンと塩とかつおだし少し)。ピーマンには生のピーマンを生かしたタレを(トマト、青唐辛子、ちりめんじゃこ)。そのほかキャベツには赤紫蘇、赤パプリカには唐辛子漬けの筋子、蓮根には七味醤油。やりすぎじゃないはずです、先生の釉薬掛けよりシンプルです。笑。

1890年、島根県生まれ。東京高等工業学校を経て、1914年、京都市陶磁器試験場に入所。1920年、現在の河井寛次郎記念館の地、京都・五条坂に住居と窯を持ち独立、結婚。1921年、「第一回創作陶磁展」を開催、以降、生涯にわたり作品を発表。1937年、自らの設計により自宅を建築(現在の記念館)。陶芸のほか、彫刻、書、詩、随筆などの分野にわたって優れた作品を多数残し、1966年、76歳で他界。(2020年12月号掲載)

直火焼いろいろ

こころのゲスト55

平野紗季子さん

すっごいいいなと思った
すっごい年下のフードエッセイスト、
平野紗季子さんとの間に生まれた
急展開のストーリー。
小学生の頃から食日記を付けているほどの
生粋のごはん狂と、小学生の頃から
料理本をじーっと眺めていた
妄想料理好きの接点は？

平野紗季子。いろんな雑誌でよく見ていた名前。ちゃんと読んでみたこともなく、40前後の料理研究家さんかななんて、適当に流していた。ある日、吉本ばななさんが平野さんの新刊『私は散歩とごはんが好き（犬かよ）。』を褒めまくってる記事を読んだ。ん？と思った。タイトルも気になったし、そく手に入れた。おお。なんと。熱量、センス、圧倒的。文章、天才。深くてビートがあって、しかもキュート。6年前、23歳の時に出版したというデビュー作『生まれた時からアルデンテ』もすぐに手に入れた。サイコー！食に関するエッセイを読んでいて味わったことのない感情。好きのど真ん中から言葉が溢れてくる。「よくその表現見つけたね」の連発。私とは食の環境も体験も全然違うからよけい惹かれるのかな。お皿のラブレター出したいなって早くも思ったとたん、すごい展開がやって来た。吉本ばななさんから連絡があって、「平野紗季子さんと一緒に食事に行きたい」と。「対談したのだけど、彼女、中学生の頃、タケハーナのそばに住んでいて、いつか入ってみたいって思っていたんだって」と。なあんと感動的な。

その夜はタケハーナのレギュラーメニューから14歳のサキちゃんが選びそうなお皿を作ってみたりした。今と昔がぐるぐる回って踊るような夜だった。さて今日はもう好物も聞いたしね、ど真ん中狙ってみたい。サキちゃんに捧げる「いもたん」3種。フライドポテトと牛たんの美味しい組み合わせを探ってみます。シャドークイーンという紫色のお芋はアヒージョみたいなやり方でじっくり揚げて、トロトロに煮込んだ牛たんと。さやあかねというお芋は和風に炊いてからカラッとフリットにして、丸ごと塩釜焼きにしたハムみたいな牛たんとハーブペースト和えに。フレンチフライにしたノーザンルビーというお芋は細切りの牛たんと塩炒め。綺麗な盛りつけにだけはしないでおくぞって気持ちがわいたのが面白かった。なぜかグロく美味しくしたかった。

1991年、福岡県生まれ。慶應義塾大学卒業。小学生の頃から食日記を付け続け、大学在学中にはじめた食にまつわる日常の発見と感動を綴るブログが話題に。そのまま文筆活動がスタートし、2014年に『生まれた時からアルデンテ』を出版。他に『私は散歩とごはんが好き（犬かよ）。』『ショートケーキは背中から』など。食にまつわる多彩な活動が注目されている。（2021年1月号掲載）

サキちゃんのいもたんスリー

佐藤琢磨さん

生きるか死ぬかの一瞬を途方もない数、
経験して経験して、佐藤琢磨さんは
とうとうインディ500に2度も優勝！
カーレースのこと、ほとんど
知りもしないで騒いでごめんなさい。
だけどこの人の「一瞬の威力」を
私もちょっと体感したことあるんです。

私はかつて世田谷の代沢でレストランをやっていたのだけど、その間に一度だけ、佐藤琢磨さんをお迎えしたことがある。それは「琢磨さんを応援する！」という思いに溢れた人々が集まった貸切のパーティーだった。その会の終盤、私たちスタッフがいる厨房のスウィングドアがフッと開き、「今日はありがとうございました」という声が。笑顔の琢磨さんだった。いやあ、今でもあの時の感覚は忘れていない。普通ならいきなり厨房を見られると「え?」っていう気にもなるところなのに、その時はそこにいた私たち男女5名、全員が「ん?」この爽やかな感覚は何って。一瞬にして応援しますという気持ちがムクムクと湧いたのだった。

インディ500を2度も制覇。一人の人間が神に近づくほどの資質と努力と分析をもってしても、それだけじゃきっとうまくいかないことなんでしょう? 琢磨さんの発するものがチームのみんなを本気にさせてしまうんですよねって、あの日の厨房を思い出しながら、私は物凄く納得してしまう。

そして自分の想いを一瞬で伝えられるって凄いなあって考えていてすぐに気がついた。「瞬間」の鍛え方が違うんだ、間違えたら死んでしまう世界を生きている人だった、と。

そんな琢磨さんが食べた瞬間にうまいって叫んじゃうもの、作りたいなあ。調べたところによると和食はきっとよさそう。納豆、漬物、味噌汁が好きという情報にガッツポーズしつつ、優勝のお祝いという思いも込めて、鯛をフィーチャー。ヅケにした真鯛と金目鯛、2色のお刺身に美味しい生卵を絡ませてごはんの上に。ごはんに混ぜたのは胡麻油で炒めた大根の葉っぱとジャコと納豆。上品さには欠けても、ガシガシ食べてもらえるほうをチョイス。そして汁物の代わりにゆるゆる仕上げの茶わん蒸し。大根の浅漬け。穂紫蘇の佃煮。さらに2007年のデータなのだけど、ほおずきが好きと知って。ちょうど今年、ほおずきの美味しさに目覚めた私だったから、ギリギリ市場で見つけてフィニッシュ！

1977年、東京都出身。高校時代に自転車競技で活躍後、鈴鹿サーキットレーシングスクールに入門、主席で卒業。1996年、レーシングカートデビュー。2002年から2008年、F1に参戦。2010年からはインディカー・シリーズに。2017年、アジア人として初めてインディ500で優勝。さらに2020年に2度目の制覇。2019年に鈴鹿サーキットレーシングスクールの校長に就任。(2021年2月号掲載)

納豆鯛めしとゆるゆる茶わん蒸し

こころのゲスト57

安部智穂さん

2020年に感じたことがいっぱいあるなら、
新しい年には、したいことがいっぱいあるはず。
気持ちのいい暮らしのためにしたいことを、
迷わずしたいなあ。
安部智穂さんのSNSを見ていると、
感じることだらけだよ。

1968年、神奈川県生まれ。自由学園卒業後、日本福祉大学へ。川島テキスタイルスクールで染織を学ぶ。1994年、結婚を機に岩手県・早池峰山の麓、タイマグラに移住。岩手県でクラフトイベントを主宰。著書には『森の暮らし たいまぐら便り』『森の食卓 たいまぐらのおやつ』『森の恵みレシピ　春・夏・秋・冬』などがある。
（2021年3月号掲載）

岩手県にタイマグラと呼ばれる集落がある。盛岡と宮古の真ん中あたり、早池峰山のふもと。その名の由来はアイヌ語で「森の奥へつづく道」という意味だと聞いたけど、まったくもって、そんな場所。移住しておよそ30年前後そこに暮らすふたつの家族のことを私は会う人みんなに言いふらしたいほどすごいなあと思っている。

「フィールドノート」という宿をやっている奥畑充幸さん陽子さん一家は、私が言う「ありのまま」なんてほんと口先の頭でっかちでしょうもないなーって思わせてくれた存在。その出会いのインパクトから密かに心の実家と思うようになったことまであれこれ書きたいけれど、どうにも長くなりそうで、このラブレターもずっと出せないままでいる。いずれきっと!

桶屋をやっている旦那さんは奥畑さんの実弟、奥さんは陽子さんと同級生というもうひとつの家族、今回は奥さんの安部智穂さんにラブレターを受け取ってもらおうと思う。

みんな、智穂さんのインスタグラムを見て!「ていねいな暮らし」とか「SDGs」とか、私たち今そっちの方向へ一所懸命でしょ。智穂さんのインスタでふっ飛ばされてみて! ずっと前から手仕事すごいし、義務なんかじゃなくて暮らしの悦びを求めていったら自然とこうなった感でいっぱい。今日のおやつもマジで美味しそうでたじろいだけど、野菜と果実を組み合わせたおやつはどうだろうって思いついたら、手作り名人相手でも萎縮せずに夢中になれた。春菊と大麦若葉を混ぜ込んだスポンジと苺。干柿と橙の酸味を効かせたさつま芋。シナモンシュガーを揚げた百合根にたっぷりかけて栗のクリームとパウダーとメープルシロップ。人参のゼリーには洋梨のカスタードクリーム和え。ココナッツオイルと蜂蜜を使った蓮根餅と焼きバナナにチョコレートの化粧。砂糖をまぶして低温で焼いたミニ大根を添えてみたりして。美味しく出来ても私のおやつはちょっと邪道。智穂さんの暮らしは全世界の超本道なはず。

野菜×果実のおやつ

こころのゲスト58

エルネスト・チェ・ゲバラさん

スクリーンの中に住んでいるように感じていた
超カリスマの革命家が、急に近づいてきて、
私の頭を力強くポンポンッと叩いたような。
私はハッとして、彼のことをいっぱい調べて
感じて、うなずいて、
最後はお弁当を作ることになりました。
大好きになってしまった。

まるでアカデミー俳優のような風貌の医師であり革命家、カリスマ性抜群の人、チェ・ゲバラ。もしかしたら世界でいちばんお顔がTシャツにプリントされている人かも。スペイン旅行中に通りかかったみやげ物屋さんで私も買いそうになったことがある。イメージで好きな遠い歴史上の人。だと思っていたら、彼が広島を訪れ、原爆慰霊碑に献花していることを知って驚いた。キューバ革命からわずか半年後のこと。その時の様子がいくつかの記事になっていて読むことができる。原爆資料館を視察していた彼が通訳の広島県庁職員に言わずにはいられなかった言葉が時をこえてバサッとここまで降ってくるようだ。「君たち日本人は、アメリカにこれほど残虐な目にあわされて、腹が立たないのか」

ネットから拾い集めたコラムを読み、彼が主人公の映画を3本、立てつづけに関連映画を2本。ゲバラは激動の時代に忘れてはならない正しい怒りと無限の優しさを見せてくれる人だった。見たいものを見に行き、知りたいことを体で知ろうとする人。そのためにはなにも躊躇しない人。「私は死ぬ気にならなければ、生きがいを確信することはできない」と言ったそうだけど、そんな彼の恋人も真っすぐに強い人だっただろうな。

映画『エルネスト』はゲバラ一行が他の日程を飛ばして広島へ行くエピソードから始まっている。大阪から広島に向かう列車の中。駐日キューバ大使が手にしているのはなんと駅弁とお茶！ ちゃんとベントーと発音しながらゲバラに駅弁を渡してる。今回はもうこれしかない。（飛行機で行った説もあるけれど）ごはんの上には牛肉とごぼうの時雨煮をたっぷり。紅芯大根を干して酢漬けにしたら望んだ通りの色が出て、赤い星が描けたから私はもう満足。鮭の味噌漬焼き、鶏の唐揚げ、蒸し卵、干し舞茸の胡麻和え、里芋のサラダ、甘辛お豆、コーンと小松菜の炒め物。蜂蜜漬けの紅芯大根、持病の喘息を和らげられたらいいな。マテ茶はアルゼンチン産にしましたよ。

1928年、アルゼンチン生まれ。「チェ」は親しみをこめた愛称。幼少の頃から重い喘息を患い、医師を志す。医大在学中も医学博士号取得後も南米への放浪の旅を続ける中で見聞きしたことから、民衆の解放と革命の必要性を感じ、メキシコで出会ったカストロと共にキューバ革命を牽引し成功へ導いた。生涯、ラテンアメリカ全体のために身を投じ、1967年、ボリビアで活動中、政府軍に捕らえられ射殺される。享年39歳。※写真は単行本『チェ・ゲバラ 革命日記』（私物）より
（2021年4月号掲載）

BENTO ~Recuerdos de Japón~

こころのゲスト59

ナウシカさん

100年後とかじゃなくて、
1年後の世界も想像できなくなってきた。
「世界」はもともとそういうものなのに、
そんなに急に変わったりしないよねって
生きてきた。
ナウシカを探せ、自分のなかに。
図々しいけど、そう思う。

いきなり知らない世界へ突入していった2020年。私の脳裏にいちばん多く浮かんだ女性の顔はナウシカだったかもしれない。今年になって、なんでナウシカなんだろうって何気に検索してみれば「マスク」というワードが浮上。いやいや、そんな単純なことじゃないって。と思ったけれど、そんな連想だったのかな。年末には「マスクをしないと生きられない世界」というキャッチフレーズで映画も放映されたみたいだ。

自分の連想の意味をもう少し深く知りたくて未読だった『風の谷のナウシカ』コミック全7巻を一気に駆け抜けたら、想像の密度が桁はずれで、なんだかもうフラフラになってしまったけど、探していたものが見つかった。やっぱりそうだ、「優しさ」だ。こんな風に書くとテーマが大きすぎて次の一文が出なくてさっきから固まっているんだけど。優しさなんだよ、この大変な世界を救えるのは。そう思う。じゃあ「優しさ」ってなに。ナウシカを見ているとそれは強く想像する力なんだって思った。はじめて出会ったキツネリスに噛まれるシーンも象徴的だった。おびえているから噛むんだよねって想像できるかできないかで未来は変わってくるね。痛いって突き飛ばせば敵になるし、こわくないよ大丈夫だよって気持ちで見守ることができれば、永遠の友達にもなれる。ナウシカならウイルスの気持ちにさえ想いをはせるんじゃないかなんて思いながら、今日は祈るような気持ちでパンを焼こう。

コミック第4巻、トルメキアのおじさん、旅立つナウシカにパンを渡してくれてありがとう、焼きしめたから日持ちはいいはずだよって。その優しい言葉で弾けるように決まりました。風の谷のメロンパン。少しグリーンにしたくて若葉の粉を混ぜた皮、干した野菜や果物、甘く炊いた豆やナッツをたくさんのせて。使った天然酵母は、福島のりんご農園で自然に生まれ人から人へ手渡されてきたもの。とにかく大きく！　嬉しい日にみんなと分けてもらえるよう。

風の谷出身。族長ジルの一人娘（兄姉が10人いたが育ったのはナウシカだけ）。メーヴェというジェットグライダーを乗用する風使い。ジルに代わって風の谷を、世界を守るために全身全霊をかける16歳。『風の谷のナウシカ』は1982年『アニメージュ』誌に発表された後、4度の中断期間を経て1994年に完結した宮﨑駿による漫画作品。1984年に宮﨑駿自身の監督によって映画化されている。©1984 Hayao Miyazaki/Studio Ghibli, H
（2021年5月号掲載）

風の谷のメロンパン

こころのゲスト60

ナツさん

玄関の脇の花壇でナツは眠っている。
墓石代わりに置いた黒い玉石に
金色のマニキュアでナツと書いた。
ナツ、この石の中に魂ごと入っててよね、
この家を去る時は
その石と一緒に行くからさ、と言ってある。

この連載5年目のラストにとうとう私のボーイフレンド登場です。あー、かわいいなあ、ナツ。笑。

46番目のゲストとしてすでに登場しているコナツとは同じ日に生まれた兄妹。あたりまえのようにふたりとも大好きで愛おしい、だけど不思議なんだなあ、ナツにはプラス恋愛感情みたいなもんが。ナツとコナツがその性格のままで性別だけが逆だったとしたら、私はコナツに恋愛感情を放出していたんだろうか？ いま急に沸いたこの疑問に私はちょっとうろたえています。ナツ〜。

彼の一生、実はドラマだらけ。箇条書きで言うとね↓若くして不治の病になったけど、クスリをやめて、自然治癒療法をまっとうし、何度も何度も奇跡のように元気になって、ずっと近所じゃ負けない雄猫として存在し、最後の日の朝もフラフラだけどちゃんと庭の木で爪を研いで。ダイイングメッセージは「地球のハーモニー」、ナツが最後の場所に選んだそのラグは小さな家のまわりに鳥や猫や犬やヤモリや人やたくさんの草木が仲良く描かれているとてもキュートな一枚なんだけど、それは2階の、しかもソファの上にあって。もう半月以上は2階に上る体力がない状態だったのにさ、どうやって？ これはもうダイイングメッセージのためって言ってもいいよねっ。

ナツといえばカマボコ、そして「揚げだしコロッケ」。お店のレギュラーメニューにあったじゃがいもと鱈で作るこのコロッケが彼はめちゃ好きで、70グラムずつ成型して出た残りをいつもちびコロにしておみやげに持って帰っていた。もちろん揚げだし仕立てにはしなかったけど。思えばパン粉をつけて揚げずにそのままでもよかったのかも。今日は両方作ってみたよ。スズキとハモ、鮭とハモ、魚型のカマボコは作っているうちにかなり夢中になっちゃった。それから鍋の残りの出汁がしみた野菜やお麩が好きだったよね、それも作ったよ。春になって庭にこの花が咲くとクンクンしまくってたなあ。ちょうど咲いたよ、ナツの花。

東京・田園調布生まれ、上野毛育ち。茶トラ♂。4匹の兄妹の推定長男。とても単純で素直な性格。運動神経は妹のコナツに劣るが、雄同士の縄張り争いでは負け知らず。相手が根負けするまであきらめず何時間でも戦う姿勢を崩さない戦法。3歳で猫エイズを発症するが不屈の精神で？自由な一生をまっとうした。享年12歳。
（2021年6月号掲載）

カマボコ・ちびコロ・ナベのこり

こころのゲスト61

宮藤官九郎さん

宮藤官九郎さんの代表作品って？
みんな選べないんじゃないかなあ！
あれもいいね、これも大好きって
なってしまうのでは？
ちなみに私の料理の代表作は？
今日の時点ではこの一杯。この一皿。
毎回そう言いながら連載6年目に
突入していきたいと思います！

1970年、宮城県生まれ。1991年より「大人計画」に参加。脚本家、監督、俳優、ラジオパーソナリティ、パンクコントバンド「グループ魂」のギタリストなど、幅広く活動する。近年は、企画・監督も務めたドラマ「季節のない街」の他、ドラマ「不適切にもほどがある！」「新宿野戦病院」「終りに見た街」、映画『サンセット・サンライズ』などの脚本を手掛ける。（2021年7月号掲載）

15歳の友人は「登場人物ぜんぶがいいよね」って言った。27歳の友人は「介護をテーマにしながらあんなに気持ちよく笑わせられるなんて凄いね」って言った。ほんとだよね。久しぶりにリアルタイムではまったテレビドラマの話。宮藤官九郎脚本の『俺の家の話』の余韻に浸っているんだけど、この文を宮藤官九郎さんが読むと思うとビビっちゃって、人の感想で逃げようとしてる。どの作品もどのセリフも凄いなあ、こりゃあ日本一の知性だなあなんて思っちゃっているから。今日は書きにくいわあ。

6年目一発目のラブレターはぜひこのタイミングで宮藤官九郎さんにって熱望したときに「どの作品もぜんぶ好き」って言ったんだけど、これは嘘でした。私が見た作品はほんの少しに過ぎないことにあらためて気づいて呆然。あわてて手はじめに脚本・監督作品の映画『TOO YOUNG TO DIE! 若くして死ぬ』を見たら笑いっぱなしなのに見事な死生観にやられちゃうし、エッセイ集『俺だって子供だ！』を読めば、真っすぐな愛情がほとばしっててやられちゃうし。このクオリティで多作で、役者もやって、バンドでギターも弾いてって、つくづく変な人。笑。

今日はあちこちの記事から拾った宮藤さんの好きな食べもの、カレー、ラーメン、そしてサンマをギュギュッと昇華させて「サンマのカレーラーメン」を作ります。ただし缶詰で。秋のサンマの塩焼きは最高だけど、漁獲量が激減しているって。だから缶詰で美味しくできたらなと。にんにく、生姜、小たまねぎ、トマト、カレーリーフ、こぶみかんの葉、レモングラス、タマリンド、カレー系のスパイス各種、鶏と魚の合わせ出汁。スープいい感じ。今日のサンマ缶は「蒲焼」の隣に売ってた「焼きサンマ・大根おろし入り」をチョイス。片栗粉をまぶして揚げ焼きに。細切り新竹の子の醤油揚げと葉たまねぎと胡麻油風味の海苔ものせて完成。辛さや酸味の調整、パクチー有り無し、お好みで。ギブソン箸置きも作ってみた。ダメ押しで。

サンマ（缶）のカレーラーメン

こころのゲスト62

西川美和さん

西川美和さん最新の脚本・監督作品『すばらしき世界』に感動。勢いあまって過去の作品も次々と観返していて、久しぶりに『ディア・ドクター』の八千草薫さんに再会。その時は予想もしなかったけれど、今日の一皿は思わぬ結末へ。

西川美和さま。

作品を観るたびに今までずっと静かに好きと思ってきたけれど、『すばらしき世界』を観た今は、好き、が激しさを増してます。ラストシーン、強烈でした。どの作品も悶々と切ないのにどこか晴々とするような、正解がないことに愛を感じてしまう、そんなラストシーンが待っていたけれど、このたびはほんと強烈でした。主人公の死というきつい結末なのに、観終わった途端にすばらしき世界というタイトルの意味が身体中に駆け巡りだすようで。この映画のこと、もっと知りたい。西川さん自身がこの映画公開までの日々を綴った一冊『スクリーンが待っている』に飛びつきました。5年分のエピソードはどれも濃くて、強くて、優しくて。読み終わったらまた映画に戻りたくなる。なんかぐるぐるです。

この一冊を読みながら、今日作る料理のヒントを探してもいたのだけど、「花」というタイトルの章に八千草薫さんとの交流が綴られていて、一気に込みあげてくるものがありました。最後に叶わなかったけれど、八千草薫さんが『すばらしき世界』に出ていたかもしれないという事実に、勝手ながら重なる私の想い、それは3年前にある事情で大好きな八千草薫さんに「お皿のラブレター」を出しそびれてしまったこと……。わがままな料理人は決めました。監督、今日はお二人一緒の食卓を作らせて！

八千草さん、小さい時から酢めしが好き、近年は体力作りで牛肉を召しあがるようにしていた。西川さん、著書の中にお酒を飲みながら山菜を召しあがるシーンがあった。この少ない情報でも問題ありません。レモンを搾って作った酢めしをうすーく敷いた上に、赤ワインでマリネして仕上げたローストビーフと、丸ごと西京味噌で包んでじっくり焼きあげた肩ロース、カルパッチョのように薄く並べて、旬の空豆、ラディッシュ、うるい、コシアブラの天ぷら、花芽のオイル蒸しなどと。力強さと優しい香り、お二人共通のイメージがテーマになりました。

1974年、広島県生まれ。2002年、『蛇イチゴ』で脚本・監督デビュー。以来、2006年『ゆれる』、2009年『ディア・ドクター』、2012年『夢売るふたり』、2016年『永い言い訳』の長編映画をすべてオリジナルの原案・脚本で発表。佐木隆三の小説『身分帳』をもとに脚本を書き上げた最新作『すばらしき世界』は2021年の大きな話題に。小説、エッセイ集など著書も多数。（2021年8月号掲載）

牛肉と山菜のスシパッチョ

こころのゲスト63

柚木沙弥郎さん

ゆのきさみろうさん。
今年のお誕生日を迎えると99歳。
そのアートワークの数々に感じてきた
強さと柔らかさと可愛さを
今度はその言葉からたくさん受け取って、
私はあるお菓子作りのトラウマを
溶かしてみたくなりました。

誰彼かまわず薦めたくなってしまう一冊があります。ちょっと行き詰まった日々を過ごしている人はどこかしら軽い気持ちになれるだろうし、やる気も十分で楽しくやってる人はさらになんだか走り出したくなってしまうんじゃないかと。『柚木沙弥郎のことば』、編集者の熱田千鶴さんが染色家の柚木沙弥郎さんを8年間にわたって取材した日々が映画を観ているように綴られています。いやあ、主人公・柚木沙弥郎さんのセリフ、ぜんぶ丸暗記したいくらい。たとえば本の帯になってるこんな言葉。「いつからはじめたっていいんだよ。僕だって物心ついたのは80歳になってからなんだから」。そう、柚木さんはいま98歳、ああ、しびれる。

ふたりの会話が弾むお茶の時間、熱田さんが選んだ手土産のエッグタルトを柚木さんがとても喜んでくれてというエピソードを、私と好物がいっしょだって嬉しくなって読んでいたら、つづけてシュークリームの話も出てきて、しばし遠くを見つめてしまいました。お菓子作りをはじめた13歳の頃にトライして、打ちのめされて、なんも膨らまなかったシュー生地の映像を封印するかのように、一生シュークリームなんて作らなくてもいい、どこにでも売っているんだから買えばいいしって、相当いじけたまんま放置。そんなトラウマと向き合うチャンスが来たのかな。

お手本にしたいレシピを本屋さんや動画で探し、痛々しいほどの緊張感で基本的な生地にトライ。ありがとー、膨らみましたあ！ そうなるともう調子に乗って、鳥の形にしたら喜んでもらえそう、カカオとナッツの生地をのせたらカルガモっぽいかも、カスタードの代わりに焼きプディングを詰めて、クリームはマスカルポーネと紅茶の風味にしよう、水面はミントと緑茶をミックスした色と香りの寒天にとか、いつものように次々妄想。出来上がった時はヘトヘトだったけどすごい晴れ晴れとした気分に。柚木さんのおかげで、心の奥のほうのシミが取れて、私またひとつ自由になれた気がします。

1922年、東京生まれ。民藝に魅せられ、柳宗悦と出会い、後に人間国宝となる染色工芸家・芹沢銈介に師事。以降、型染めの第一人者として制作をつづける。作品は布にとどまらず、版画、ポスター、絵本など、幅広いジャンルで活躍。2008年、86歳の時に初となるパリでの個展を成功させ、以降3年連続開催となるなど、近年も各地で展覧会を開催、話題に。近著に『柚木沙弥郎のことば』と写真集『柚木沙弥郎との時間』がある。2024年永眠。享年101歳だった。
©Norio Kidera（2021年9月号掲載）

特別なシュークリーム（カルガモバージョン）

こころのゲスト64

東京タワーさん

いつか東京タワーにラブレターって、
心のどこかでずっと。
今なんじゃないかなって思ったのは、
たぶんオリンピック騒動のせい。
東京が好きですかと聞かれると、
答えがむずかしくなるけれど、
東京タワーを見つけたときの嬉しい感じは
どこに越そうときっとずっと。

東京タワーさんへの料理がどうしてきんぴらなんだろう。好きな人の好きな食べものを検索したり詮索したりするのは大好きな私だけど、さすがに東京タワーさんはモノを食べないから調べようもなく、今回ばかりは完全にでっち上げるしかないんだけど、それにしても私なりの明快なストーリーが必要なわけで。それが決まらなくて微妙に焦りはじめたときに聞いたエピソード。それを確認しようと訪ねたサイト「知られざる東京タワーの製作秘話」によると、特別展望台から上の部分に使用されている鉄材の原料には朝鮮戦争後にスクラップされたアメリカ軍の戦車が使われているそうなんです。良質な鋼材が足りない分をそれで補うことができたんですね。この事実を読んだらなんともエモーショナルな気持ちになって、その瞬間に私の頭に「きんぴらの塔」が出来上がってしまった。それはもう、バーンと。その心理はたぶん妄想とはいえ私も鉄骨を積み上げている気になって（そんな写真も見たせいだ）、その材料にはきんぴらが良さそうで、ごぼうだけじゃなくていろんな野菜を使えばライトアップされてるタワーみたいに綺麗になるかもなんて思ったのでしょう。ゴリゴリの後付けで言えば、私はきんぴらが大好きだし、お弁当の片隅に見つけてホッとする感じ、安心する感じ、ただただ嬉しい感じ、それは東京タワーを見つけたときの心持ちと似ていて、なんてね。

定番のごぼう、定番の人参に加えて紫人参、黄人参、じゃがいも、ビーツ、かぼちゃ、大根の皮（辛さ強めで大好物）をそれぞれ合ってると思う油や調味料で仕上げました。土台の部分には何か東京名物をと考え、この季節なら東京湾の穴子でしょうと勇んで市場に行くも連日の悪天候で東京湾の魚はなく、対馬の穴子に代役をお願いする事態にはなったけど、塩焼きにして胡麻醤油だれとワサビを添えて。てっぺんには万願寺唐辛子、チラチラとピカピカとオイル漬けの実山椒。すべてはきんぴらが美味しくなるように。

1958年12月23日に東京都港区芝公園に竣工された電波塔。正式名称は「日本電波塔」だが、「東京タワー」の愛称で広く知られている。海抜でいうと351メートル、地上からは高さ333メートルと広報されている。総量4200トンの鋼材が使われ、延べ21万9335人の人員を要して1年半で完成した。総工費およそ30億円。（2021年10月号掲載）

きんぴらのタワー

こころのゲスト65

エルヴィス・プレスリーさん

20代中頃に付き合ってた年上の彼氏が
プレスリーの大ファンだったけど、
あの頃は「へえ」と流して、
ちっとも聴こうとしなかったのに。
いま、来てます。ラヴ・ミー・テンダー。
こんな時代に心をなめらかにしてくれるものを
見つけた感じがしてる。

2021年の私の心のヒットチャートをエルヴィス・プレスリーの『ラヴ・ミー・テンダー』が駆け上がっている。録音当時のままのエルヴィスの声を美しい蓄音機で聴かせてもらって以来、なんだかもう耳から離れなくて。発売された1956年当時の音数の少ない編曲も好みなのだけど、その声から伝わってくる堂々とした優しさ。エルヴィスのことを調べていたら、コンサートで熱狂して駆け寄ってくるファンをむぎゅーっと抱きしめてはぶちゅーっとキスしたおす現場がいっぱい出てきてこんなスターがと驚いたんだけど、これぞって気がした。この人の優しさには躊躇がない、こっちもただただ素直になってしまう、そんな感じ。

忌野清志郎さんが全面的に詞を書きかえて『ラヴ・ミー・テンダー』をカバーしているのだけれど、核などいらねぇと優しく歌う、これまた躊躇のない愛にあふれる歌で、それを含めて好き。

今日は私だって躊躇なく！　どう調べたってこれしかない。

彼の大好物、ベーコンとバナナとピーナッツバターを挟んでバターで焼き上げるという、通称「プレスリーサンド」。高カロリーにまっしぐら、愛をこめて作ろう！　まずはベーコン。脂の美味しい豚バラ肉の塊をスパイスの効いた塩水に漬け込んで乾燥させてスモークかけてスライスして焼いて。最近食べたピスタチオのジェラートが美味しかったので、ピスタチオもたくさん入れて作ってみたピーナッツバター、蜂蜜も少し。パンは日々焼いてるまま、天然酵母の田舎パン、全粒粉の香り。バナナは買ってきた、笑、ペルーの有機栽培。ぜんぶ挟んでフライパンで焼く時に、バターだけじゃなく粉チーズも撒いて、重い鍋をのっけて、しっかりプレス。反対側も同様に。湯むきしたトマトに詰めたのは赤紫蘇のムース。甘酸っぱい口直し。そして飲み物！　私が作るデザートの中でも人気な「メロンとトウモロコシのアイスクリーム」をたっぷり浮かべたメロンソーダ。永遠に食べられるやばい組み合わせ完成か？

1935年、アメリカ合衆国生まれ。本名はエルヴィス・アーロン・プレスリー。テレビという当時最も新しい媒体にのって全米に旋風を巻き起こした50年代。映画出演を中心に活躍した60年代。ライブに没頭した70年代。コンサートの衛星生中継を行ったのもプレスリーが史上初。23年間にわたってスーパースターの座に君臨した。「世界で最も売れたソロ・アーティスト」第1位。
illustration：Yuko Saeki（2021年11月号掲載）

プレスリーサンドとメロンソーダ

こころのゲスト66

ゆりやんレトリィバアさん

才能やセンスがよくても結果を出せない人はいるもの。ゆりやん（呼び捨てごめん！）はひとつひとつ、ちゃんと勝ってる。アメリカのオーディション番組、あれだって負けたとは言えない。笑。不思議な強さ。静かな爆笑。単純じゃない何か。そんな今回。

角刈りのカツラに星条旗をデザインしたきわどい水着。はみ出そうなお肉。妙なダンス。おちょくる辛口の審査員たちを相手に流暢っぽい英語で笑いを取る。2019年、アメリカのオーディション番組『アメリカズ・ゴット・タレント』に出場したゆりやん、かっこいいなーって思った。センス、スゴッて思った。知れば知るほど、つかめないのがゆりやんの魅力なのかもしれないけど、ライブもネタもイラストもピアノも英語も、そしてダイエットしたことも！見るたびにセンスがいいなあって思ってしまう私がいる。「じゃあ、センスがいいって、何」と疑問が湧くね。ふと「自分が感じたことをそのままオモテに出せる人」って思ったんだけど、どうだろう。うーん。

ダイエット。あの星条旗に包んだ笑いも取れる有名なボディをあっさり捨て、35キロとも45キロとも言われるダイエットに成功したゆりやん。それもあって食べ物に関する情報をたくさん見つけることができた。昨今は無農薬の野菜や3日間寝かせて作る発酵玄米がお気に入りの様子。いいですね！決まりました。元々好きなお寿司や焼肉の要素も合わせて、その名も「フェイク寿司」、今までもたまに作って楽しんできたけど、その集大成をゆりやんに捧げたい。いわゆるシャリの部分には、里芋を潰して握ったもの、軽く炙った蓮根餅、そして発酵玄米を淡い酢飯仕立てにしたものの3タイプを。ネタには、じっくりローストしたうずまきビーツ（マグロみたい）、丸ごと焼いて皮むいて叩いた黄パプリカ（ウニみたい）、細づくりで炊いた牛蒡（イカみたい）、甘辛く煮たエリンギ（アワビみたい）、赤紫蘇漬けにした茗荷（赤貝?）。海老と鰹と牛タン、玉子焼は本物。あれこれ合いそうなシャリと組み合わせ、芽ネギを飾ったり、生姜をのせたり。乱切りのガリ、トマトとスダチのお汁を添えて。フェイクなんだけどフェイクじゃないみたいな味に仕上がったかも。最近のあのキメ台詞をもらえたら嬉しいな。「ちがうんですよ！」って。

1990年、奈良県出身。本名、吉田有里。関西大学文学部4年生の時に吉本興業のお笑い芸人養成所「NSC大阪校」に35期生として入学、2013年、首席で卒業。2017年、「第1回女芸人No.1決定戦 THE W」にて優勝。2019年、アメリカのオーディション番組『アメリカズ・ゴット・タレント』に出場、超話題に。2021年、「第19回R-1グランプリ」にて優勝。「吉本坂46」のメンバーでもある。（2021年12月号掲載）

フェイク寿司

こころのゲスト67

北の国からさん

20年近く前に終わったテレビドラマを
「今年最高!」という勢いで、
お皿のラブレターチームの
アートディレクター峯くんが勧めるもんで。
こんなに大量のDVD見終われるかなあと
思った私がバカでした。この2倍あっても見たい
『北の国から』すべてにラブレターを。

40年前にはじまって、およそ20年前にピリオドを打ったテレビドラマ『北の国から』を激しく勧められて、私は戸惑っていた。富良野帰りの峯くんは興奮しすぎていた。なんで今これ?とか聞いちゃ悪いくらいの勢いだった。見るしかないな。このお皿のラブレターチームの誰かが夢中になったものはぜんぶしっかり味わってみたくなる。そしてたいてい好きになる。

峯くんに貸してもらったDVDボックス、21年分の『北の国から』。毎夜毎夜見つづけて最後の1分、涙で何も見えなくなりながら、峯くんがDVDセットを手渡してくれるときに「これからこれぜんぶ見るんだ……いいなあ」としみじみ呟いていた気持ちを激しく理解した。もっと見たくて、次の1年も知りたくて、キューッとなる。このドラマは登場人物がみな、ほんとに21年分歳を取りながらその人生を演じていて、そこがどうにもエモーショナルで。リアルとドラマの境界線がわからなくなるような倉本聰さんの脚本がこの先もきっとあるのではと思いながら、もういちど最終回を見てしまった。

このドラマにはいまトレンドのように扱われている社会問題もすでにどんどん描かれていて、その先見にも驚いた。農業の部分でも農薬の問題に触れていて、有機栽培を目指した一家の挫折のエピソードがとても印象的だった。それもあって、今日は十勝平野で自然栽培の農園を営む勝水さんのしみじみ美味しい野菜や豆をたっぷり使いたいと思った。黒板家全員集合!純も螢も五郎さんに負けず呑んじゃっているところ見たいな、そんなイメージで作ろう。3色の焼いた芋と炊きたてごはんを潰して、それぞれ干した大根の葉っぱやアミエビや黒胡麻を混ぜて薄く伸ばして低温で焼いて最後は揚げて。旨味爆発のトマトビーツソースや焼ピーマンとグリーントマトの味噌和えをのせるとタコスみたい?ホクホクのくり豆とお茶の葉の佃煮でもう一杯。そういえば勝水さんは『北の国から』をもうぜんぶ見ただろうか。お勧めしなきゃ!

写真提供：フジテレビ　北海道・富良野を舞台に黒板五郎と2人の子ども、純と螢の成長を21年間にわたって描いた倉本聰脚本のテレビドラマ。1981年10月から1982年3月までフジテレビ「金曜劇場」枠で連続ドラマとして放送された後、ドラマスペシャルとしてシリーズ化に。1983年から2002年の間に8編の物語が綴られた。数え切れないくらい多くの名優たちが出演している。主演の五郎を演じた俳優の田中邦衛氏は2021年に永眠。（2022年1月号掲載）

芋と米の3色せんべい

こころのゲスト68

ナディヤ・フセインさん

世界には素晴らしい料理人があふれている。
とんでもなく美しい料理を作る人。
新しいテクニックを見つける人。
いま私が会いたかったのはこの人なんだな！
キラキラ目玉のナディヤ！
試食の瞬間の無垢な顔、
美少女コンテストでも優勝できると思う！

料理を作って食べてもらう。それが私の日常だ。サーブしたあとは無意識のうちに全身がレシーバーとなり、みんなのリアクションを察知しようと身構えているふうでちょっとかっこ悪い。たとえばこの連載の撮影のあとなどは、せーので「いただきます」、私もいっしょに食べるチャンスがやって来る。「んー、美味しい！」たいてい誰かのリアクションを待つよりも早く反応してしまう私。写真担当のアビちゃんに、料理人さんが自分の作ったものを美味しいって嬉しそうに食べるのって珍しいっていつも言われてしまう。そうなのかな、恥ずかしいな。でも思ったように出来てなかったり、少しでも塩が強かったりしたらしつこくそのことを言うし、ゴニョゴニョ。分かってる、アビちゃんは作った本人が美味しいって食べる姿がいいね！と思っているのであって、私を冷やかしてる訳じゃない。でもなんか自分に甘すぎ？上昇志向なさすぎ？とかゴニョゴニョ。いっしょに試食するたびに繰り返してきたこの感覚を弾き飛ばしてくれたのがナディヤでした。

ネットフリックスで展開しているナディヤの料理シリーズを見始めて止まらなくなったあの夜、ボーダレスな食材選びも自由な発想のレシピも弾むようなテンポの解説も、どの角度からも引き込まれたけど、最後に試食するときのナディヤ、どれだけ美味しく出来たかうっとり語るその表情からはオーラ出まくりで。見ているだけで幸せになる。そうかあ。自画自賛、とってもよいね、大事だね！

ナディヤのクルクル動く瞳のせいか、浮かんだのはロールケーキみたいな巻き寿司と巻き寿司みたいなロールケーキ。たまご大好きって言ってたから、ロールケーキの真ん中に塩たまご！ピーナッツバタークリームと柿を合わせれば止まらない甘じょっぱさ。〆鯖のお寿司にも海苔で巻いた厚焼たまご、さらに春菊のおひたしとドライトマトでアクセント。美味しい顔、欲しいなあ、特にチョコレートと塩たまごのこのバランスに！

1984年、イギリス生まれ。2015年、素人がケーキ作りを競うBBCの超人気番組『The Great British Bake Off』で優勝。その実力と真っすぐで魅力的な性格で人気に。翌年にはエリザベス女王90歳の誕生日を祝うバースデーケーキを任されるなど、現在に至るまで映像、書籍等、様々な場面で活躍している。Netflixで配信された『ナディヤのお助けクッキング』『ナディヤの幸せベーキング』シリーズが人気コンテンツに。※写真はレシピ集『Time to Eat』（私物）より
（2022年2月号掲載）

チョコロールと鯖ロール 〜フィーチャリングたまご

こころのゲスト69

荒井良二さん

大好きな絵本を持っているということは、
それだけでもう生きていきやすい、
息が吸いやすい、そんな気がする。
お守りみたいなね。
小さな神様が笑って入ってるお守りみたいなね。
ありがとう、荒井良二さん。
お礼はこんな朝ごはん。

1956年、山形県生まれ。『たいようオルガン』でJBBY賞、『きょうはそらにまるいつき』で日本絵本賞大賞、『あさになったのでまどをあけますよ』で産経児童出版文化賞大賞など、国内で受賞した作品は数知れず。さらに2005年には日本人として初めてアストリッド・リンドグレーン記念文学賞を受賞。2018年まで「みちのおくの芸術祭 山形ビエンナーレ」の芸術監督を務め、2023年から「new born 荒井良二 いつも しらないところへ たびするきぶんだった」展が全国の美術館で巡回。
撮影：有村蓮（2022年3月号掲載）

私の荒井良二さんデビューは遅くて、それは2011年の12月。その大晦日に18年やった自分の店をクローズして、次へ行こうとしていたかなりエモーショナルな日々に友人が荒井良二さんの新刊をプレゼントしてくれたのだ。『あさになったのでまどをあけますよ』と書かれたその表紙を見ただけで心さらわれた。一ページめくってはわー、んーって、その言葉にその色使いにその密度に持っていかれた。その日から今日に至るまでずっと、この一冊は毎日見る大きな鏡の左下に立て掛けてある。うちにごはんを食べにきた友人たちが、ふとこの一冊を手に取り、すぐにポチる光景をたくさん見たものです。そして2019年に出版された『きょうのぼくはどこまでだってはしれるよ』というこれまた真ん中にズンと来てくれるタイトルの一冊は鏡の右下が定位置に、さらに2020年に出版された『こどもたちは まっている』という一冊はキッチンの本棚をなんとなく神棚みたいに飾った一角のメインポジションに。おかげで今日もがんばって美味しいの作るから待っててや～という気持ちを助けてくれる。そう、気がつけば荒井良二さんはうちの守り神のような存在になっているのだった。

食の好みは探り当てられなかったけど、なんとなく朝食を作りたいなあと思いながら読んでいたインタビュー記事の中で、朝食でもローソクを灯したりするスウェーデンの様子を素敵に語っているのを見つけた。決まった。お誕生日の朝ごはんにしよう。まず浮かんだのはドーナツ。甘くしない、まぶしたきな粉も甘くしない。じゃがいもをくりぬいて、スモークした鰯とマスカルポーネで和えてぎゅっと詰めてこんがり焼いて、なめらかなたまごソースをたっぷりと。ひよこ豆のココナッツサラダやルッコラも添えよう。真っ赤な苺を見つけたからちぎって柚子のジャムとさっと和えた。搾りたてのみかんジュース、春菊のクリームスープ、ミルクティー。ひとつでも好物が入っていたら嬉しいな。

お誕生日の朝ごはん

こころのゲスト70

ルース・ベイダー・ギンズバーグさん

誰を思い浮かべるかによって、
アメリカが好きになったり嫌いになったりするのはどうしたもんだろう。
音楽界でも映画界でもなく、
法曹界にこんなスターがいるなんて！
そんな偏見を吹き飛ばされながら、
今回のテーマは「平等」しかない。

1933年、アメリカ合衆国生まれ。生涯の伴侶と大学で知り合い結婚。子育てをしながら法律を学ぶ。1993年にビル・クリントン大統領に指名されてから27年間、2020年9月に死去するまで連邦最高裁判所判事として主に人種・性差別の撤廃を求めるリベラル派の判事の代表的な存在として大きな影響力を持った。『RBG 最強の85才』DVD ¥4,180（税込）発売元・販売元：株式会社ファインフィルムズ（2022年4月号掲載）

アメリカ連邦最高裁判所判事、ルース・ベイダー・ギンズバーグさん。ＲＢＧというラッパーのような愛称とともに間違いなく永久不滅の人。「人間が作った壁に阻まれることなく、みんなが自分の才能を自由に伸ばすべき。それがフェミニズムなのです」という思いのまま、社会の不正義を見過ごさず、平等であることのためにぜんぶぜんぶで生きた人。ラッパーみたいに言葉遊びはしないけど、保守的判決に反対意見を述べるときも、砕けたインタビューに答えるときも、その言葉のセンスが心に染みる。自分の意見が正しいと訴えたくて声高になったりする人をよく見かけるけど（私もそうかも）すべてを伝え、絶対に説得すると決めて出てくる言葉や文脈は決してトゲトゲしていない。ほんとに尊敬する。

ＲＢＧは料理が得意ではないらしい。もしかしたらゆっくり食べる時間さえなかったかも。オペラを観ているとすべての日常から解放されると言っているのを知って私は決めた。一瞬でいいからそんなふうに日常を忘れてもらえるお皿を描いてみたい。具体的にはどうしようと思ったとたんに浮かんだ2文字は「平等」。あ、面白そうって心が動いた。肉、魚、米、パン、卵、豆、葉野菜、根菜、果実、木の実、木の子、海藻、ハーブ、乳製品。あらゆる品目を平等にキラキラさせたい！ 料理として9品になったのは最高裁判事は9名という数が頭に残っていたせいかな。①くり豆のフムス＋カレーラスク、②白菜とゆき菜と紫キャベツのおひたしテリーヌ、③ぶどうのピクルス＋バジリコソース、④鶏の梅酢寒天寄せ、⑤黒米のリゾット＋黄身の味噌漬、⑥エリンギのディープフライ、⑦大根の焦がしバター醤油＋南蛮味噌、⑧白カビチーズの西京焼、⑨マグロとナッツのタルタル。みんなの個性を自由に伸ばしてあげられたかな。そう聞いたらどんな言葉で返してくれるかな。一昨年から天国の住人になったＲＢＧの元にはきっと今もいろんな問いが寄せられていることでしょう。

平等スペシャル

こころのゲスト71

サイ・トゥオンブリーさん

その絵を見ても、彫刻を見ても、
写真を見ても、センスいいなーって。
サイ・トゥオンブリーのどの作品を見ても
そう感じている私がいて。
「好き」の理由が「センスいいから」って思うとき、
そこには自分の性質を知るチャンスが
いっぱい隠れていそうだなあ。

1928年、アメリカ合衆国・バージニア州生まれ。1951年にニューヨークにて初の個展を開催、1957年にイタリアへ移住、そして2011年に他界するまで、絵画作品にとどまらず、彫刻や写真の分野でも多くの傑作を産みつづけた。20世紀を代表する芸術家と称される。今回、撮影に使用した私物の画集は『CY TWOMBLY〜FIFTY YEARS OF WORKS ON PAPER』という1冊。
（2022年5月号掲載）

　美大生だった私がとっても落ちこぼれだったことは自覚していたけれど、サイ・トゥオンブリーを知らなかったことを知ったとき、ほんと〜に情けないなと思った。アンディ・ウォーホルと同い年だって。そんな時代の現代アートの大きな星をなぜか完全スルー。しかしその代わりと言ってはなんだけど、はじめて画集を見せてもらった2015年、そこから私のトゥオンブリー体験は巻き返しを図るかのような快進撃だった。その年と翌年と2年続けて彼のビッグな展覧会が日本で見られるという強運があり、「大好き」を確認。調子に乗った私はそのまた翌年にパリで開催された展覧会も見に行ってしまった。「そのセンスが好き」ってなんだろうな。ただ「好き」って言うときと何が違うんだろうな。思えばトゥオンブリーに似ている線を描こうとした絵をたくさん見てきた気がするけど、それはだいたいどれも嫌い。跳ねた線の、重ねた色の、ほんのわずかな差が大きな違い。唸ってしまう、なんでこんなに無垢に見えて洗練されているんだろうって。答えは出る訳ないけど、つまり私は「無垢で洗練されているもの」がいちばん好きということなんだとは気づかされた。

　最高にセンスがいいと思っている人に差しだす料理、模写することを思いついたおかげで、ビビらずにどんどん準備ができた。東京の展覧会で手に入れた大事な画集から1枚の絵を選んで凝視。カラフルな野菜でディップやオイル蒸しや小さなおつまみを作り、竹炭入りのブラックマヨネーズや自家製のタラコ入りのクリームレモンソース、お肉も好きそうだから野菜の下に忍ばせる合鴨のミートボールも用意して。正式な作り方を調べてじっくり蒸しあげたクスクス（カリフラワーも混ぜた）の上に、いざ絵を描くように……、とこれが上手くいかない！　クスクスがふわふわ浮いてきてしまうのだ。色的にも白いライスのほうがよかったし。でもきっと彼のフォークがクスクスの上で戯れて、新しい絵を描いてくれるよね！

模写・クスクスべんとう「隠された５個の合鴨ミートボール」

こころのゲスト72

菊乃さん

菊乃さんと自分を比べて
がっかりするのはやめよう。
服の着こなしを真似っこして、
ぜんぜんイマイチだったとしても！
でも共通点を二つ見つけてニヤニヤしています。
猫の接し方と好きなおはぎ。
私にとって最も大事なポイントだもんね！

東京出身。サンフランシスコ、ロンドンで写真とアートを学ぶ。2015年にブランド、パープルシングスを立ち上げ。現在はMARMOT〈マーモットキャピタル〉のディレクターを務める。メンズアイテムも自然に取り入れたカジュアルなスタイルや、自身のYouTubeやInstagramにもファンが多い。（2022年6月号掲載）

菊乃さんのファンになって1年。主なファン活としては時々更新されるYouTubeチャンネルを楽しみに待つという静かなものではあるけれど、いますごいことに気がついた。私、今までの人生でこんなふうに「好きで真似しちゃいたい」って思いながら女の人を眺めていたことなんてなかった！特に服の着方、選び方、すごく好きで、思わずブランドチェックなんかしちゃって。実際には菊乃さんと同じ服を手に入れて着るというプロセスには進んでみてはいないのだけど、表面的に真似しても厳しいだろうよ。笑。ならばもう少し菊乃さんのかっこよさについて思いを馳せてみようとぼんやりお茶を飲んでいたら「殺気」という言葉が落ちてきた。菊乃さんはどんな場面でも正直な気持ちを正直な言葉で話すことができる印象があって、それはいっつもちゃんと自分の奥のほうに触っていないとそういう人にはなれなくて。その日常化した裏表のなさは「私に嘘はつかないでね」という気配さえかもしだしているのではって気がしたのです。とっても綺麗な殺気、それには優しい笑顔がよく似合う。

好きな色と好きな食べもの、それも常に正直に話してくれているから今日はあっけないほど簡単に作りたいものが決まってしまった。

小さくカットした玄米餅をカリッとディープに揚げて速攻で黒蜜をまぶす。いっしょに食べてほしいのは菊乃さんのテーマカラーそのままの「パープルスイートロード」という名前のさつまいもで作った熱々の2種のあん。色の濃いほうはつぶあん仕立て、クリームを加えたほうはこしあんに。その上にのっけたのは冷たいフォンテーヌブロー。フロマージュブランというフレッシュチーズと濃厚なホイップクリームと美味しいたまご豆を使ったスペシャル仕上げで。ひやあつ、混ぜながら楽しんでもらえたら。お口直しには梅酢大根と紫蘇の実の醤油漬を。菊乃さんは好みじゃないものを食べちゃった時、どんなリアクションをするかな。見てみたいけど、見たくない。

玄米揚げ餅のパープルスイートあん

こころのゲスト73

ビューティフル・ネームさん

なぜいま、この歌？　なんて言わないで。
大好きって気づくのは、たいていは偶然でしょ？
私たちはみんな、誰かが考えてくれた名前を
ひとつずつ持っている、
そんなあたりまえのことに気づくときって、
何かあるでしょ。

この数年の間に、カーラジオから流れてくるこの歌を幾度か聴いた。

ただたまたま。でも聴くたびに「この歌、すごいな」という気持ちがふつふつとしてきて、きれいな月夜の帰宅途中に聴こえてきたときには歌詞の隅々までが私の中に入ってきて、「日本語の歌でこれがいちばん好きかも……」って、静かに興奮してしまった。マイケル・ジャクソンの『ヒール・ザ・ワールド』を聴いてるときのじんわり感ともすごく似ていて。あぁ、でもそれよりもっと笑顔が浮かぶ感じ。『ビューティフル・ネーム』、調べたら1979年のリリース。ヒットしていたこともちゃんと知っているけど、いま、私に届きました。♪ひとつの地球にひとりずつひとつ　呼びかけよう名前を、すばらしい名前を♪　たくさんの人がカヴァーしていることも知った。カヴァーしたくなっちゃう歌なんだね、時代を越えて誰かの心に届くたびに。タケカワユキヒデさんの声のせいも大きいなきっと。私もこの声で誰かの名前を呼ぶとき、名字じゃなくてファーストネームを、先生とか旦那さんとかじゃなくて、できるならひとつずつ持ってる名前で呼びたいな。前から思っていたこの気持ちをもっと大切にしよう。ちなみに私は「いっちゃん」と呼んでもらえるのがいちばんラク。うんと年下だろうと初対面だろうと。なんて呼び合うかって、ちょっとドラマだとも思う。

ハッピー・バース！　この世に飛びだしてきた十人十色の命におめでとうって、十人十コロネを作ることにした。おかずを詰めた5個、甘いの5個。上段左から「きゅうりとハムのハーブヨーグルトサラダ」「たまごのカレーポテトマヨネーズ」「アスパラソーセージ・アボカドディップ」「焼き人参と鶏のキーマカレー」「干しエビ焼きそば」。下段左から「ミックスナッツクリーム」「さくら豆あんバター」「いちごミルク」「パイナップル入りスイートポテト」「マシュマロ入りバナナチョコクリーム」。シュッとした形じゃなくて、ころんとさせたくて何度もトライしちゃった。

1976年にデビューし、『ガンダーラ』『銀河鉄道999』などの国民的ヒット曲を生んだロックバンド、ゴダイゴによる1979年4月にリリースされた楽曲。「国際児童年」の協賛歌。作詞は奈良橋陽子（英語詞）、伊藤アキラ（日本語詞）、作曲はボーカルのタケカワユキヒデによる。現在に至るまで多くのアーティストによってカヴァーされつづけ、テレビCMに使用されることも多数。提供：日本コロムビア（2022年7月号掲載）

十人十コロネ

こころのゲスト74

田村由美さん

『ミステリと言う勿れ』、「菅田将暉主演」に釣られて見てよかったあ。テレビドラマを見て原作を読まずにいられなかったなんてはじめて。しかも第1回放送を見た直後に、既刊の10冊まとめて買っちゃった。田村由美先生。漫画家さんだからじゃなくても先生と呼びたくなるよ。

私の脳みそ、いつだって採れたてのキャベツみたいにパーンとシャッキシャキな状態だったらいいんだけど。現実には「ほんとにそうかなあ」とか「どうしてこうなっちゃうの」とか、たくさんのモヤモヤをそのままだらしなく押し込んでしまっているんだな。フレッシュじゃないなあ。田村由美先生の最新コミック『ミステリと言う勿れ』を読んでいて、そんなことを思ってしまった。手に入れた10巻、読みながら主人公の整（ととのう）くんのセリフに、つまり田村由美先生の視点に何度「そうかあ、そうだよね〜」と思ったことか。常識を常識と流さない視点、普通は見逃してしまうようなわずかな違和感に気づき、そこをちゃんと掘りさげて思いをはせる、そんな田村由美先生の日常感覚にハッとする。「違和感をそのままにしない。しっくりくるまで考える、やってみる」って、何するにしてもいちばん大事だなってギュッと思う。

整くんといえば、カレーライス。そこに違和感の余地はないキャラ設定。今日はカレーです。でもどんな？この機会にやらせてほしいことを思いついてしまいました。ビーフ、チキン、ポーク、どれにするかよく迷うから一度ぜんぶで作ってみたい！牛すね肉と豚の肩ロースはじっくり柔らかくしてから、整くん好みのジャワカレー辛口とバーモントカレー甘口をミックスした美味しさをイメージしつつスパイスを組み合わせ、たまねぎ、じゃがいも、人参の黄金トリオも抜かりなく使って煮込み、ひと晩寝かせたあと、カレーリーフなども使って南インド寄りに下ごしらえした骨つきの鶏ももを合体させサッと煮込んで完成。和風のカレーだしに漬け込んだトマトと半熟ゆで卵はないほうが好きって言われるかなと思いつつ。そして新たまねぎがすごく美味しかったので急遽添えたオニオンリング。7種の野菜で作った福神漬とマサラチャイ。整くんを通して食の好みを読み込んで作ったとはいえ、思いもよらない感想を言ってもらえそうでドキドキします。

和歌山県出身。1983年、『オレたちの絶対時間』でデビュー。1993年に『BASARA』で2007年に『7SEEDS』で小学館漫画賞受賞。月刊フラワーズに連載中の『ミステリと言う勿れ』がテレビドラマ化・実写映画化され話題となった。同作で3度目の小学館漫画賞を受賞。令和5年度芸術選奨文部科学大臣賞 メディア芸術部門受賞。
（2022年8月号掲載）

ビーフチキンポークカレーライス

こころのゲスト75

山崎哲秀さん

北極は、実はとてもすてきなところです。
こんなセリフを優しい笑顔とともに
言える人へラブレター。
山崎哲秀さん、聞けば聞くほど、
知れば知るほど、
犬ぞり北極探検家という肩書きさえ、
ちょっと窮屈に感じてしまう人！

たとえばハワイが好きになって毎年通ってるという話はわりと聞くけれど、北極が好きになって毎年通ってる人がいるなんて。しかも自腹で？ 山崎哲秀さん、どんな人って思うじゃないですか。著書が出版されていたのですぐに入手。『犬ぞり探検家が見た！ ふしぎな北極のせかい』、やー、いい本！ 私を9歳くらいの気持ちにさせてくれました。「北極と南極ってどちらが寒いの？」にはじまって、見開きごとに展開していく知らなかったけどすごく知りたいトピックが次から次へ。それぞれのページ、写真やイラストと文章が半分こっていうのも絶妙で、私の脳内のほぼ白紙だった北極についてのページがどんどん色づけされていった感じ。こんな濃い内容を楽しく読ませるって、ほんと難しいと思うけれど。明晰で冷静で、それを上回って優しくないと。ああ、それは探検家としての資質でもあるのかな。テツさん（勝手にそう呼んでいる）のことがもっと知りたくて、ホームページに掲載されているブログを２００７年に遡って読み進めていった。犬ぞりのこと。凍傷のこと。北極ぐまのこと。超ワイルドな発酵食のこと。観測し記録すること。温暖化のこと。大自然ということ。テツさんが味わっているリアルは確実に私が知らない味だ。だから余計に妄想してしまう。クリスマスディナーに並んだアザラシの生肉を前に、ほんとーに嬉しそうなテツさん。私が作れるものはあるのかと途方に暮れかけたころ見つけた２０１８年の投稿に、帰国後に食べたかったもの「sushi」の文字！ これだ。得意じゃないけど全力で作らせてもらいます。北極には太陽が沈まない季節《白夜》があるとは知っていたけど、その逆の太陽が昇らない季節を《極夜（きょくや）》と呼ぶと知ったばかりのせいか、目を閉じたらその美しくも深い漆黒の空にいきなりお寿司の花火が打ち上がりまして。笑。ウニ巻き、マグロの花、イカかのこ、白えび軍艦などなど。テツさんの日本の夏が日本の夜が煌きますように。

1967年、兵庫県生まれ。高校卒業後、植村直己に感銘を受け世界へ。1988年のアマゾン河イカダ下り単独行を経て、1989年からは北極圏（主にグリーンランド）遠征を繰り返し、グリーンランド北西部エスキモー式の犬ぞりや狩猟の技術を伝承される。第46次日本南極地域観測隊にも参加。「アバンナット北極プロジェクト」として犬ぞりによる環境調査を継続していたが、2023年11月末、グリーンランドにて消息をたつ。
（2022年9月号掲載）

極夜の花火ずし

こころのゲスト76

ジョナサン・ヴァン・ネスさん

『クィア・アイ』だけじゃなくて、
赤裸々な自伝も読んだし、
『ジョナサン・ヴァン・ネスのどうして？
なぜ？がいっぱい』も見たし、
ジョナサンの可愛さについて
いっぱい書きたいのは山々だけど、
スペース足りないし、その気持ち、料理に込めるし。

ポコッと生まれた隙間時間に、ふとNetflix。またやってしまった。睡眠時間を削ってまで見倒すシリーズに出会ってしまった。『クィア・アイ』、ファッション、インテリア、カルチャー、料理、美容、それぞれの分野でプロフェッショナルに活躍するファブ5と名付けられたゴージャスな5人組が、他薦で選ばれた悩める人の生活に飛び込み、内から外から改造するというリアリティ番組。そう、これね、他薦、本人が助けてと言ってる訳じゃなく、ほんとは凄く問題ありなのにそれにフタをしちゃっている人がターゲット。とにかくまずその問題に気づかせるファブ5が凄い。トラウマって髪に服に部屋に食事に全部に出ているんだなあとつくづく思いもした。そしてLGBTQというカテゴリーでさえ窮屈なようなセクシャリティであるがゆえ、鬼辛い経験をしてきたファブ5の面々が、それをまるごと優しさに変えて誰かに手渡すチャンスをこの番組出演で得たのかもしれないと思ったりもした。彼らもよく泣くし、私も泣いた。

アメリカ合衆国・イリノイ州クインシー生まれ。幼少期から自身のセクシャリティを自認。美容師としてキャリアを積む傍ら、web配信のパロディ番組『ゲイ・オブ・スローンズ』で芸能活動をスタート、評判に。Netflixのリアリティ番組『クィア・アイ』オーディションで美容担当に合格したことが大きな転機となり、現在は様々な媒体で活躍している。ニューヨーク在住。※写真は単行本『どんなわたしも愛してる』（私物）より
（2022年10月号掲載）

今日は代表で美容担当のジョナサンに！ダリみたいな髭してスーパーキュートで、出会い頭に髪を触りながら心も触っちゃう人。その半生を勇気で綴った自伝を読み、泣き笑いしながらメニューを考えました。アディクティブ的に甘いものが大好きね、でもそこからちょっと抜け出そうとしている気がしたので今日はスウィーツじゃないものをと決めた。だからこそなのか、私はスウィーツのようにも見える料理を作りたがったみたい。チーズポテトケーキ。ママの思い出の味「ハンバーグキャセロール」の要素と大好きなチーズをたっぷり使ったマッシュポテトを重ねて。マッシュルームと100パーセントカカオで作ったソース、のせたのは干した黄色い人参のカリカリ揚げ。ビーツソース（ナスが隠し味）とトマトのパスタ。フワッとキウイマヨネーズ。そしてピーチウォッカソーダ。盛りつけながら可愛く可愛く！と念じたのははじめての経験かも。

チーズポテトケーキ／マッシュルームのカカオソース、トマトとビーツソースのパスタ

こころのゲスト77

吉藤オリィさん

人生のミッションは
「人類の孤独を解消する」ことって言い切る。
吉藤オリィさんの体から出てくる言葉に
いちいちハッとしてグッときて、
泣きたくなったり嬉しくなったりした後に、
私もがんばろーって思う。
食事の楽しみ方だっていろいろあるはず、
がんばってみたよ。

1987年、奈良県出身。株式会社オリィ研究所共同創設者代表取締役 所長。分身ロボット「OriHime」の開発者。ロボットコミュニケーター。特技は名前の由来にもなった折り紙。自身の不登校時代から今に至るまでの体験に導きだされたコンテンツで語る最新刊『ミライの武器「夢中になれる」を見つける授業』は学生のみならず、年齢にかかわらず多くの人々に広く深く届いている。（2022年11月号掲載）

いつか病気や怪我で料理することが出来なくなったとしても、AIを搭載したロボットが代わりにサッと美味しいものを作ってくれる時代になるかもしれない。でも料理が大好きな私にとって、想像して妄想して料理を作る行為そのものが大好きな私にとって、その未来はなんだかちょっと悲しいままだ。だけど吉藤オリィ（愛と尊敬を込めて敬称略！）が生みだすAIナシのロボットを知って驚いた。いや、私は知らなかったけど、寝たきりの人でも働ける「分身ロボットカフェ」の存在は世界に注目されていて、発明の目的は「孤独の解消」と。なんというキラーフレーズ。あまりに独特な黒い白衣をまとったヤバかっこいい容姿にも釘づけで、当然のようにもっと知りたくなって、最新の著書『ミライの武器』を読んだらもっともっと知りたくなって、『「孤独」は消せる。』『サイボーグ時代』と立てつづけに読んではっきりと分かった。吉藤オリィは私の味方です！ きっと私の妄想をキャッチしながら料理を楽しむロボットも、寝たきりになってしまったとしても、自分で自分を介護できるロボットも作ってくれる！ 天才的な頭脳を支えているのが超人間っぽい感情。病弱がもとで思春期に3年半にもわたって不登校になった時に知った様々な感情も、きっと今、発明の鍵を握っているのだろう。

寝る間も惜しんで研究・発明・試作・コミュニケーションを繰り返し没頭する日々。吉藤オリィには食べてる時間もないよ。だからこその素晴らしい成果、だけど私は思った、オリィさんにはもうちょっと季節を味わって欲しいかも。だから冷蔵庫から出して蓋を開けて片手でグイッと飲めるジョッキに季節の美味しい食材と栄養を詰め込んでみようと試みた。完熟した素晴らしい香りのグリーントマト。カレー的な刺激と仲良くさせたスイカ。タピオカや揚げナスの麻辣スープ。ストローのためにあいてた穴には自然と花を差したくなった。使った食材も、吉藤オリィの凄さも書き切れないけど。

発明家の瞬間ランチ　①グリーントマトのガスパチョ　②スイカのスパイシージュース　③タピオカの麻辣スープ

こころのゲスト78

満島ひかりさん

誕生日と血液型が
同じという人にはじめて会った。
それが満島ひかりさんだなんて、
人生のグッドニュース！
チャーミングでありがとう。
ビビッドでありがとう。
こんな気持ち、はじめてです、笑。
そんな気持ちで作ります。

1985年、鹿児島県生まれ、沖縄県育ち。1997年、沖縄アクターズスクール出身のダンス&ボーカルユニットFolderとしてデビュー。その後は俳優を中心に音楽、執筆、ナレーション、ジュエリーデザインなど多彩に活動。映画賞受賞多数。2022年も立て続けに出演映画が公開され、同時にTVCMや音楽フェスでの活躍も。主演のNetflixドラマ『First Love 初恋』、映画『ラストマイル』など話題作が続々と。（2022年12月号掲載）

料理とワインのとっても美味しいお店をやってる友人夫婦がごはんを食べに来ることになった。何を作ろうといつもよりちょっと過剰なやる気になってるところに飛び込んできたメール。「満島ひかりさんをお連れしていい？」と。おぉ、いつかラブレターをと思っていたけどそれよりも早く。料理のラフスケッチを描く手を止めて、有名人データベースにアクセス、ひかりさんの好きな食べもの・嫌いな食べものを調べようとして驚いた。私たち、誕生日と血液型が同じだ！　やっといたと思った。「オレさ、マイケルと同じ誕生日」的な会話になったとき、今までぜんぜん乗れなかったけど、これからは「満島ひかり」でいかせていただきますとときめいた。うーん魅力的って思う人がうんと年下ってところがまたよくて。芝居や歌はもちろんだけど、インタビュー記事がまたどれもピカピカ。小さい時から身についた読む力、そして見る力、聞く力が飛び抜けているのかな。そこは似ていないけど、同感ポイントを見つけてはニタニタ。芸能事務所から離れ4年前から自分自身でマネージメントしていることなどを知ると、首が折れるほどうなずきたくなってしまう。

食べものについて話している記事はないかな、探していて見つけた「お茶漬け」の文字。そこだけピカッと光って見えました。やっぱり同じだって嬉しくなって。数年前の情報だけど、お茶漬けを好きな気持ちってそうそう変わらないと思うから、これでいこう。そう決めたとたんに思い出したのがトロトロの豚の角煮にプーアール茶をかけて食べたある日のお茶漬け。残り物でたまたまのサラサラ。あれ、また食べたい。食べさせたい！　そして今年やっとはじめて梅干し作りにチャレンジしたのだけど、その最初のひと粒をひかりさんに捧げよう（大袈裟）。角煮と梅干し、合うからね。さらに大好き菊のおひたし、そこに薫るプーアール。カリカリに揚げたじゃがいもをアクセントに。今日も自由に料理ができて私は嬉しいよ。

角煮と梅干し1号のプーアール茶漬け

こころのゲスト79

浅野忠信さん

好きになる男の人の顔のタイプってある？
そう聞かれて思い浮かべるのは
あの深夜ドラマで見た彼の目で。
浅野忠信さん、あの時、19歳だったんですね。
今に至るまでの変わらぬパンクな姿勢に
あらためてLOVEを！

『FRIED DRAGON FISH』の浅野忠信さんに再会した、DVDを手に入れて。岩井俊二監督だったのかあ。1993年かあ。深夜帰宅してテレビをつけたらやっていて、そのまま食い入るように見てしまったことはよーく覚えてる。ストーリーの奇抜さや編集のかっこよさはもちろん、だけどそれよりそこにいた男の子に釘付けで。その理由が今なら分かるよ、あの目だよねって自分に確認してみる。笑。目の大きい俳優さんやミュージシャンを好きになることはあるけど、私の場合、リアルに恋した人たち全員小さ目で。浅野忠信さんのことはその後、かっこいい俳優さんとしてキャッチしたし、今は特に「すごく魅力的な絵を描く人」として大好きになっているけど、そんな訳ではじまりはかなり本能チックに好きだと感じた出会いだったことをこの度のDVD入手で確認した次第です。そうね、優しいくせに危ない感じがするところ。あの時からずっと失くしてなくて、役作りからも日々描きまくってる絵からも伝わってくるパンクな気持ちを勝手ながら受け取って、ほらやっぱり素敵じゃんって。

ある筋から入手した情報によると、浅野さん、韓国で食べてとても気に入って、また食べたくて日本でも何軒か韓国料理屋さんに行ってみたけど見つからない料理があると。話から私がひらめいたのは台湾で食べた肉入りの白玉団子のスープ。それをもっと鍋風にした感じかなあ。台湾好きの韓国料理人だっているだろうしと準備を進めながらさらに韓国料理を調べていたら、肉入りの団子スープ、客人をもてなす歓迎のスープとして存在していた李氏朝鮮時代の伝統料理だと分かった！ よーし。白玉に豆腐も練りこんでモチモチに。中身はラム肉や香菜。季節の冬瓜を麺のように切りだして、牛テイルと焼きあごでしっかり取ったスープに泳がせる。発酵キャベツや干し椎茸の風味も効かせて。ワカサギのフライドフィッシュも添えました。思い出のドラマに愛をこめて。

1973年、神奈川県出身。1990年『バタアシ金魚』でスクリーンデビュー。近年では映画『首』『箱男』や配信作品『SHOGUN 将軍』に出演。2025年は主演映画『レイブンズ』や『かなさんどー』、北野武監督作品『Broken Rage』に出演。またバンド「SODA!」のボーカルであり、個展を開催すれば大きな話題を呼ぶアーティストでもある。
（2023年1月号掲載）

ひつじだんごと冬瓜のスープ

こころのゲスト80

横尾香央留さん

ただ綺麗にお直しするのではなく、
直した場所が笑ってるみたい。
その人らしさを浮かびあがらせる
横尾香央留さんのお直し、作るもの。
あ、ほら、プロフィール写真だって、
ただ綺麗に写っているより、
きっとこのほうがうんと「らしい」に違いない！

ファッションブランドのアトリエにて手作業を担当した後、2005年に独立。刺繍やかぎ針編みなどの緻密な手作業によるお直しや、作品制作を行っている。主な著書に『プレゼント』（イースト・プレス）、『お直し とか』（マガジンハウス）などがある。
（2023年2月号掲載）

ここに横尾香央留さんの一冊、『お直し とか』。花柄のカーディガンに出来てしまった穴からは花が咲いているし、チノパンの擦り切れた裾は芝生が生えたようにかがられている。依頼主以外の人間がこれほど楽しくなっちゃうお直しもないだろうけど、持ち主本人はきっと急所を突かれたように嬉しいはずの作品ばかり。横尾香央留さんはお直ししてまで着たいと思うその気持ちをじーっと読み解こうとするし、そのキズが出来た背景をあれこれ想像する。そして編みだす毎回唯一無二のお直し方法。横尾香央留のキュートな愛。そう、とっても愛なんだけど、これはたぶんきっとサガ。ただ綺麗に直すだけでは終われなくて、クスッとさせたりウケを狙ったりせずにはいられない。違うかなあ。『プレゼント』というタイトルのもう一冊の著書ではそんなサガがもう自由に咲ききっている。相手に喜んでもらえるピンポイントを探して育てて作る日々。実はその感じ、すごく分かるんです。『お皿のラブレター』なんてまさに。調べて妄想して、その人だけに分かるエッセンスでアハッとさせたくて、の心。

そんな私のサガ全開で思いついた横尾香央留さんへのお皿は好きなだけハチミツを垂らして食べてもらうスープ。あ、今回はそれほど苦労しなかったかな。文才もサイコーな著書の中に出てくる「ハチミツ中毒」ぶりにすぐ出会えたのでそこは外さないでいこうと決めたら、覚えたてのルーマニアのりんごを使ったサワーなスープが浮かび。さらに料理人だったお父さんの思い出の味として登場するシンプルでつるんとしたオムレツを卵一個で作れるよう練習してセンターへ。「最高純度のハチミツが舞い降りて完成……」ってぶつぶつ唱えながらすべての味を調えて、さらにオムレツの上には2種のブルーチーズ、自由トッピングには軽くスモークをかけた塩豚を。お皿のふちには爽やかな刺激のハーブいろいろ。ハチミツ専用のねじねじ棒がたらりと巻き起こす奇跡を味わってほしい、とか。

with ハチミツのオムレツりんごスープ

こころのゲスト81

ボブ・マーリーさん

レゲエの神様。カリスマ。ボブ・マーリー。凄い人。でもビビらないで料理できそうな気がしました。楽しそうにサッカーやピンポンに興じる彼の姿を思い描きながら、ONE LOVE、彼のメッセージを干し野菜に託すつもりで♡

1945年、ジャマイカ出身。1981年、脳腫瘍のため36歳という若さでこの世を去ってなお、今もおそらく永遠に多大な影響を与え続けているレゲエ・アーティスト。レジェンダリーなカリスマ。その生い立ち、楽曲のメッセージ性、政治の対立抗争に巻き込まれて狙撃され重傷を負うなどの事件、36年間、そのすべての年代に大きなエピソードが刻まれている。※写真は私物のCDより
（2023年3月号掲載）

今まで観た中でいちばん好きな映画。いちばん好きな本。聞かれるたび、いつでもちょっと迷って引っぱりだす答えは時に変化もする。でもいちばんのコンサートはと聞かれて頭に浮かぶ風景はずっとひとつ。ボブ・マーリーの日本公演。だって普通じゃなかったもの。バンドメンバーと3人のコーラス隊が先にステージに上がり演奏がはじまり、そこへフラッと立ち寄ったかのように歌いだすボブ・マーリー。レゲエ初心者だった私もそのまま最後まで他の観客といっしょに特別な高揚感を味わうことになったのだけど、私たちが目撃したのはみなにメッセージを伝えようと向かってくる姿ではなかったと思う。ただ何かの気配を感じて歌ってるような。あの頃、バイブレーションという言葉がよく使われていた。あんまりみんなが使うから、気とか波動って言うようになった私だったけど、どんな言い方だっていいよ、ボブ・マーリーの歌はひたすらそんなんで満ちていた。誰に対してどうパフォーマンスするとか、そんなことのずっと手前にあるすべてでステージにいたあの姿がどうしても未だにいちばん。

　ラスタファリアンである彼にはアイタルフードと呼ばれる自然食を料理してくれる専属のシェフがいたらしい。そのうちの一人があるインタビューで「空豆や芽キャベツをココナッツミルクで煮込んだものがお気に入りだった」と教えてくれた。私、素直にそれを作ってみたい。空豆が旬の時にせっせと天日干しにして保存したのはこのためだったのか（ほんとは違うけど）。芽キャベツもチェリートマトも干して干して、太陽のバイブレーションをいっぱい浴びさせてから料理してみよう。すべての野菜はいい人がいい土で作ってくれた自然栽培のものばかり。たまねぎ、じゃがいも、黒キャベツも加えて、煮干しと昆布ときのこで取った出汁とオーツミルクとココナッツミルクでそっと煮込む。彼にとってこれが最後の食事になったとしてもいいように、太陽の旨みを精いっぱい引きだす覚悟で。

太陽空豆のココナッツ煮込み

こころのゲスト82

川内倫子さん

光に泣ける。影に誘われる。
何度も何度もページをめくってしまうよ、
川内倫子さんの写真集。
知ってる風景のドアが開いて、
その先まで連れて行ってくれる。
私は今日の料理であなたを
どこかへ連れて行ってあげられるかな。

1972年、滋賀県生まれ。2001年に写真集『うたたね』『花火』『花子』の3冊を同時に出版。そのうちの2冊で木村伊兵衛写真賞を受賞。以後、20冊以上の写真集を刊行、世界各国で展覧会を開催。2022〜2023年には大規模な個展「川内倫子：M/E 球体の上 無限の連なり」を東京と滋賀で開催した。最新写真集に『M/E』がある。
（2023年5月号掲載）

食べ終わった西瓜の皮と5粒の種がお皿に載ってるだけの写真にぎゅうぎゅう胸が締めつけられた。写真家・川内倫子さんが私を仕留めた一枚です。ずっと私のキッチンにいてもらっています。綺麗だなあ、切ないなあ、ありがとう。

先日、倫子さんの大きな大きな個展に行った。圧倒されるクオリティとスケール、それでもやっぱり切なくて優しくて、ぎゅうぎゅう。私はどんな展覧会に行ってもどれか一点だけあげると言われたらどうしようという妄想をするのだけど、ミュージアムショップに行ったら、心に決めた一枚がポスターとなっていて迷わず手に入れた。それは水色のお皿に載った食べかけの林檎の写真。くるくる剝いた皮と銀色のナイフ。やっぱり西瓜と似ている一枚を選んでる。だって大好きなんだもの、食べ物を写している訳じゃなくて、その時間を写しているような、何かと何かの境目を写しているような倫子さんの食べ物の写真。

倫子さんへの料理は紅玉林檎ほどの小ささの甘くて可愛いキャベツを見つけたことからはじまった。この旬をしみじみ美味しくしたいなあと思いながらいつもの肉屋さんへ行ったら、いつもは置いていない骨つきの豚のすね肉が並んでいて手を出さずにはいられず。うん、フォルムに惹かれて料理するのもなんかいいと思うな！ 小キャベツはひとつずつガーゼに包んでスープに沈めて、とろ火で静かに柔らかく。すね肉はスパイシーな塩水に1週間漬け込んで、スモークをかけたあとスープに半身浴させつつ鍋ごとオーブンに入れてじっくり。キャベツもすね肉も最後は橙果汁と醬油と粉チーズを混ぜたものを刷毛で塗って香ばしく焼き上げた。いいタイミングで採れたてのクレソンも届いて、バケツみたいな形に焼いた花器にワサッと活けて、赤唐辛子とにんにくを効かせたマッシュポテト入りのディップを添えて。ちょっとカットしたら手づかみでいっちゃってと思う、ミモザの季節の丸ごと料理になりました。

小さなキャベツと豚の骨つきすね肉

こころのゲスト83

小田凱人さん

プロの車いすテニスプレーヤー、
小田凱人(おだ ときと)選手。
ジュニア時代から「史上最年少」の記録を
作りつづけてる。
どこまでも強くなっていきながら、
どんどん愛されていきそうな16歳へ。
もっとわんぱくなラーメンがよかったかな…
でも美味しくできたよ!

私が一所懸命やったことのひとつにテニスがあって。いつも心の中には応援しているテニスプレーヤーがひとりいたのにここ数年は不在。そこへバシッと入ってきてくれたのが小田凱人選手です。ありがとう。先日、プロ車いすテニスプレーヤーの国枝選手が世界ランキング一位のまま引退したけれど、「後は凱人にまかせた!」とか「次に凱人とやったら勝てる気がしない……」なんていうレジェンド国枝選手のつぶやきが聞こえてきそうなくらいの活躍を見せてる16歳。プレースタイルが好き、だけどそれだけじゃ足りない、大好きになるには。凱人選手は思いをまっすぐ言葉にする才能があるみたい、そこにはまったかなあ。あるときのインタビューで「ヒーローになりたいんです」って言ったのだけど、そんなアニメな言葉がただただ自然に聞こえてきたから驚いた。病気で辛い思いをしている子どもたちのヒーローになりたい。骨肉腫を発症して左足が不自由になったのが9歳のとき。好きだったサッカーを手放して、そこから前を向いてダッシュで生きてきた7年間。常に最高の結果を目指してカスタマイズされた車いすを操る姿はきっともうすでに誰かのヒーロー。

凱人選手のインスタグラム。ある日のストーリー。(試合が終わって)帰国したらラーメンって叫んでた。ということで今回はもうラーメン一択。体調管理で普段はラーメンを節制している節も見受けられるけど、ここは大盛りでいかせていただきます。大きいワンタンも入れたいなあと妄想したとたん「ナンバーワンタンメン」って名前が降ってきてうなずく。スープは手羽先、手羽元、豚のスペアリブ、干し椎茸、昆布、いりこ、鰹節、野菜で飲み干しても気分がいい感じを目指し。鯛のすり身とニラのワンタン。柔らかい焼豚、茹でた春キャベツ、柚子とネギと唐辛子で作った辛いタレ、星の甘辛椎茸。じっくり煮だした背脂はほどほどに。じゃがいもとちりめんじゃこの黄色いライスボールを添えて、勝ちにいってみました。

2006年、愛知県生まれ。9歳の時に左股関節に骨肉腫を発症。サッカーをあきらめ10歳で車いすテニスに出会う。2020年、「世界ジュニアマスターズ」に13歳8ヶ月で出場し史上最年少で優勝。2021年、史上最年少でジュニア世界ランキング1位に。2022年、国内最年少の15歳でプロに転向。同年、NECマスターズで優勝。史上最年少で年間王者に。2023年、全豪オープン準優勝、2024年には同大会で初優勝、続く全仏オープンでは連覇を果たす。
©Frédéric Curtet/@curtetphoto
(2023年6月号掲載)

ナンバーワンタンメン

こころのゲスト84

アオイヤマダさん

いつでもカラー満載だけど、
なんの色にも染まっていないよね。
監督さんたち、未知を見たくて
いろんなオファーをしたくなるよね。
アオイヤマダさんが言った
「次の壁にぶつかりに行く」って言葉、
素敵だなあってずっと思いながら
出来たのは、こんなステージ。

アオイヤマダを見つけて、私は幸せ。最大の敬意を込めて敬称略で呼ばせてください。自分に備わっているすべての能力に気づいてあげて、それを残さず使い果たして死ねたらいいなと私が思ったのは彼女の倍以上の歳になってからのこと。アオイを知って、アオイをインターネットのあっちこっちから掘りだしては見入ってしまいながら思った。どんなカテゴリーにも属さない（私の大好きなフレーズかも！）この動き、この顔つき、どうなっているんだろう、アオイはすでにパフォーマンスのたびにかなりぜんぶの能力を使えている気がするよ。そしてそれが出来るのはアオイが常に自分の心模様に触っているだけじゃなくて、目や鼻や口、指先足先、内臓も？とにかくすべてのパーツとも話し合いができているからじゃないかなって思ったのだ。アオイに愛されていることをちゃんと知っているパーツたちの総力戦が一瞬のアバンギャルドを実現させているのでは、なんていうと理屈っぽすぎるんだけどね、そんな感じ。

コロナ自粛の日々に話題になったSNS、昭和歌謡に乗せて踊った#野菜ダンス。離れて暮らすおばあちゃんを楽しませたくて始めたらしい。そういう人ね。結果、たくさんの人の口角をあげることになった。そんなダンスのつづきを今日のお皿に出来るかな。題して「野菜のステージ」。トマトのムースやとき色平茸のマリネを引き連れたトマトソースのスパゲティ。クリームチーズを使った空豆のディップと甘くないフレンチトーストのサンドには花がついたアレッタのオイル蒸しとスナップえんどうのおひたしを。真ん中に満月みたいな有精卵の黄身が輝く黒米のリゾットの下にはレンズ豆のココナッツミルクカレーがいて。そのまた下にはパルミジャーノチーズをたっぷり使った黄色い人参の重ね焼き。そして人参の葉っぱを揚げてサクサク敷きつめた。器を裏返しに使ったのは初めてね。あ、昭和歌謡って部分を意識するのを忘れてしまった〜。

2000年、長野県生まれ。東京2020オリンピック閉会式のソロパフォーマンス、ダムタイプ『2020』のパフォーマンス。さらにはNetflixドラマ『First Love 初恋』やヴィム・ヴェンダース作品『PERFECT DAYS』への俳優としての出演をはじめ、宇多田ヒカルMVの振付、NHK『ドキュメント72時間』のナレーションなど、身体と声の活動を広げている。日々、夫にお弁当を作っていることでも有名。©Akikoisobe（2023年7月号掲載）

野菜のステージ

春風亭一之輔さん

独演会のチケット争奪に敗れても、演芸場に行けばめちゃ間近で、お目当ての芸を味わえるなんて夢のようですよ。春風亭一之輔さん。落語界のシステム、なんだかいろいろ凄いです。深い歴史をこえて、むしろ新鮮。今日のひと皿もそこをめざして。

いやあ、春風亭一之輔さん！

とつぜん好きになっちゃいました。落語、かっこいいの。激しくてあったかいの。ほかの噺家さんの落語を聞いて「上手いな～」とは思っても、それ以上の気持ちにはならなくて。どうしてなんて思わず、分析などせず、好きになったらどんどん好きになりなさいって私は私を育てていこう。そして一之輔さんの画像をあれこれ見ていたら、ある角度のある表情がロバート・デ・ニーロに似ていることを発見！一之輔さんの凄さについてはインターネットを開けばたくさんの記事が出てくるけど、デ・ニーロ似については誰も言及していないようなので言っておきます。笑。リアルな演技とちょっとアナーキーな匂いと艶っぽさが共通点。その前に春風亭一之輔さんは面白い☆が最大の特徴だけど！

今日は一之輔さんが大好きと言っている二つの名物料理をかけ合わせて面白がってもらえたら。チェンマイ名物のカオソーイは茹で麺だけじゃなくて揚げ麺も入っているのが楽しいカレーラーメンで、とにかくスープが美味しい。そこ、外さないように。そして一之輔さん出身の野田が発祥という白くてぷっくりと愛らしいあの餃子。半揚餃子ふうで、油の使い方が恐ろしいレシピだけどトライしてみよう。さてと。お皿の上には茹でたキャベツと豆苗。麺の代わりだから、麺のように切ってみた。ヘルシーにというよりお酒のお供というイメージです。そこに説明するとやたら長くなるから書けなくなってしまった本気のスープを少し注いで、パクチーをたんまりのせる。そして餃子。皮には米粉も入れて、中身は牛ひきとフキノトウ。その横に鶏とそそり立ってる揚げた麺。いいタイミングでスープをたっぷりかけてくださいね。さらにもう一つの名物は歌舞伎町のバー「オープンブック」のレモンサワー。レシピが公開されていたので3日はかかるけど真面目にコピー。独創的に見えても習った古典をまずはきっちり体に入れる、一之輔さんを見習った今日の私です。

1978年、千葉県生まれ。2001年、日本大学芸術学部卒業後、同年、春風亭一朝に入門。前座名は朝左久。2004年、二ツ目昇進、一之輔に改名。2012年、異例の21人抜きで真打に。国立演芸場花形演芸大賞を2年連続で獲得するなど受賞歴多数。年間900をこえる高座に上がりながら、ラジオ番組のレギュラーやエッセイの連載でも人気。2023年2月からは『笑点』の新メンバーに。©キッチンミノル（2023年8月号掲載）

「カオソーイ」とかけて「あの餃子」ととく。

こころのゲスト86

長澤まさみさん

長澤まさみさんが俳優のキャリアを
スタートさせたのは12歳。
ナチュラル、コミカル、シリアスと、
演技の壁を次々突破。
自分のメンテナンスを自分で出来る人
なんじゃないかと思いつつ、こんな食べもので
体幹を鍛えられたらいいのになんて。

度肝を抜かれるほどのスタイルだった。ショートパンツからニュイ〜ンと伸びてる脚がやばかった。いまはなき名店（笑）タケハーナにはじめて長澤まさみさんがやってきたあの日。あとで聞いたら17歳だったそう。『世界の中心で、愛をさけぶ』公開のあとあたりか。私でさえ知ってるほどすでに有名な人なのにその振る舞いがとても自然でそれが逆に印象に残るほどだった。誰もが釘付けになる美脚をまるだしにしながら周囲を緊張させせないムード。つまり、素敵な子だなあって思った。あれからたくさんの時が流れ、どうですか、この活躍。面白かったなあ！『コンフィデンスマンJP』、そして『エルピス』、お正月に夢中で見てしまった。コメディを演じるにもシリアスな大役を演じるにも、その良すぎるスタイルが邪魔にならなかったこと、とても凄いことだと思います。そして長澤まさみさんのインタビューは読むのも見るのも気持ちがいい。来た球を逃さず打つようにしっかり答えてくれる。「食べる」ことについての嗜好や思考を知りたくてあれこれ記事を追いかけたけど、いつでもフォーカスしているテーマがあるみたいで読んでいてとても面白かった。今は「栄養」に興味があるみたい。そこで。

まずはメニューの名前が決まってしまった。「夏のバランスボール」、あとは思いつくままに栄養とビジュアルのバランスと、私が掴んでるまさみちゃんの好みをぎゅっと。クリームチーズとディルを包んだ赤海老ボールにはスイカのガスパチョ的なソース。サーモンと干し人参のボールにはココナッツをまぶしてビーツのピクルスのクラッシュと。プルーンとナッツのペーストを詰めたトマトにはとうもろこしと卵で作ったなめらかなソース。バジリコマヨネーズで和えたささみ入りポテサラボールはグリーンオリーブと。ひじきとジャコを混ぜた大豆の揚げボールにはアスパラのソース。甘さほんのりの人参マフィンでソースも綺麗に食べ切ってくれる様子を思い浮かべて出来あがり。

1987年、静岡県生まれ。2000年、第5回東宝シンデレラオーディションでグランプリ受賞、同年デビュー。主な出演作に映画『世界の中心で、愛をさけぶ』『モテキ』『海街diary』『MOTHER マザー』『コンフィデンスマンJP』など。映画賞受賞多数。近作ではドラマ『エルピス―希望、あるいは災い―』が大きな話題に。近年も『ロストケア』『四月になれば彼女は』『スオミの話をしよう』など主演の映画が続いて上映されている。
（2023年9月号掲載）

夏のバランスボール

こころのゲスト87

フグ田タラオさん

「それはボクがやるですぅ」
「行ってくるですぅ」
いちど真似しはじめたら
しばらく止まらなくなるタラちゃんの言葉。
「ヒトは3歳がピーク」と思っている私から、
永遠の3歳児にリスペクトをこめて贈る
今日のおやつです。

　チャリを飛ばして隣町の桜新町へ買い物に行く。道順はいろいろあるけれど、この道の気持ちよさを知ってからはもう迷わない。右手に長谷川町子美術館、左手に長谷川町子記念館。なんなんでしょう、通り抜けるときに気持ちがス〜ッとするあの感じ。いわゆる風水的に「気」がいい場所なのか？ そうかもしれない。でもそれだけじゃないなあ。長谷川町子先生が生んだキャラクターたちの楽しい心があのあたりの空気をいつもお掃除してくれているんだねなんて思う。だから「あの辺一帯の空気感」にラブレターを出したいくらいなのだけど、中でもタラちゃんは特別な存在。というのもある時から私、3歳がヒトとしてのピークって思うようになって。言葉は覚えたけど社会性を身につけてしまう手前というその時期はとにかく感性だけが全開！ 教育を受ける前に芽吹いたはずのその素質をちょびっとでもなくさないでいられたら幸せなんじゃないかと、ピークから果てしなく遠くまで来てしまった私だけど、そんなことを思う。そして、しかもタラちゃんは永遠の3歳児、ピークのまんまなんですよ。そのタラちゃんの声をやっていらしたのが今年の2月に87歳で亡くなった貴家堂子さん。テレビアニメ版『サザエさん』初回放送から50年以上も。しみじみと凄い。その声をスイ〜ッと引き継いだ愛河里花子さんも驚き。3歳タラちゃん、ピークのままです。よかった〜。

　チャットGPTを使えなくてもタラちゃんの好物のひとつが海老フライだってことはすぐに調べがつく。くだものも大好き。じゃあサンドイッチを作ろう、なるべく素直に作ろう。海老フライといっしょにはさむ卵は私が小5の頃によく作ってたやり方を思い出してみた。10分茹での卵に溶かしバターとカラシを混ぜるの。マヨネーズが手作りになったのはいい成長ということで。忘れちゃいけないフライドポテト。すももとフレッシュクリーム、シャインマスカットとナッツクリーム。絵本に出てきそうなパンにはさんでわーい。

「年齢は3歳。サザエとマスオの子どもです。どんなことにも興味を持つ年頃で、好奇心旺盛。素直で優しい子でありますが、頑固な一面も…。叔父叔母にあたるカツオとワカメが大好き！ ハトコのイクラちゃんのお兄ちゃん的存在です。お友達はリカちゃん、タケオくん、そしてタマです」以上、テレビアニメ『サザエさん』の公式ホームページより。原作者は言わずと知れた長谷川町子先生。©長谷川町子美術館　ALL Rights Reserved.（2023年10月号掲載）

えびふらいのさんどいっち

こころのゲスト88

坂巻弓華さん

頭の上に猫を乗せている絵は猪熊弦一郎さんで慣れているのに！イッパツで落ちた。坂巻弓華さんの絵。ひゃあ。展覧会に行けば、じわりながら何周もぐるぐるしてしまう。そしてプロフィールの写真と絵、どっちも載せたくて困りました。

一枚の絵なのに4コマ漫画を読んだあとみたい。ニヤニヤ眺めていたらなんだかキュンとしてしまったり。じわじわと嬉しさがつづく。坂巻弓華さんの作品、たぶんぜんぶ好き。最近の、特に好き。スケッチブックの走り書きも、すごく好き。そんなじわる気持ちを抱いたまま、お皿のラブレターの中身を決めるべく坂巻弓華さんを調べはじめる。そして衝撃。美形すぎる。そしてそしてこれまた絵と同様、普通のカテゴリーに収まるような美人度ではなくて、一瞬の媚びも見当たらない美しさがじわじわ来る。絵の鑑賞って、本人を知ってからがさらに面白いと思う。

坂巻弓華さんの好きな食べもの。インタビュー記事などから見つけられなかったけれど、作品の中に食べものはちょいちょい出てくるのでインプット。そしてふたつの作品展のタイトル、「どこかから焼き魚のいい匂いがした、みたいな小さなこと」「雲丹と海と犬」が何よりも今回のヒントに、具体的には魚市場を流してイメージを完成。焼き魚の座を射止めたのは鮎をおさえて小ぶりの鰯、ほどよい甘さの味醂干しにして。炙った水蛸とミニトマトの和え物、雲丹は軽く火を入れてここに登場。鱧の梅巻き揚げ。豆鯵は唐揚げにしてエゴマのペーストまぶしに。このタイミングで旬の野菜も楽しいものがいろいろ集まってきて盛りあがる。グリーントマトと赤玉ねぎのピクルス。梨ウリの塩もみ。白味噌とクリームチーズを混ぜた焼き茄子のディップ。友だちが育てた三尺ささげ豆はグリルに、そしてキュートなオクラ、その名も「ダビデの星」はおひたしに。赤紫蘇たっぷりで漬けたガリの天ぷら。さくら豆は甘辛く煮て。盛りつけはいつか見たジャワ島に伝わる「ナシトゥンペン」というお祝い料理のスタイルでやってみよう。真ん中に山に見立てたごはんがそびえ立つのが特徴。今回はココナッツミルクで炊いたトウモロコシごはんを。そして大好きというビールはラベルにちょっと工夫してたくさん冷蔵庫に用意いたしました。

画家、文筆家。個展を中心に活動。著書に『たんていくまたろう』シリーズ（あかね書房）、『坂巻弓華寓話集』（BOOKNERD）、『サカマキマンガ』（プレコグ・スタヂオ）がある。日本各地で開催を予定されている個展の数は年々増え続けている。
（2023年11月号掲載）

海山ごはん

こころのゲスト89

ジョン万次郎さん

ジョン万次郎。忘れられない名前。
はっきり知らない経歴。
もしも、少しでも気になったなら、
サクッと調べてみてください。
きっと私がそうだったように、
びっくりして、誰かに喋りたくなるよ。
旅が大好きな私たちにとって、
スーパーミラクル大先輩！

ジョン万次郎ってどういう人だっけ？ イメージが遠く霞がかっている。ささっと検索して驚いた。ウィキペディアを読んだだけで感動した。感動しながらこの世に「旅の神社」というものがあるとしたら、その守り神はジョン万次郎じゃなきゃって思った。そして私の記憶は曖昧すぎるけど、歴史の教科書に出てきた万次郎の扱い、あまりにも地味すぎやしなかったか。きっかけは遭難・漂流という志とはなんの関係もないトピックだったけど、日本人として初めてアメリカに渡り、暮らし、学び、働き、ゴールドラッシュまで経験し、自分の意思で帰国し、それらすべてが鎖国中のできごとだったから当然ながら激しく長い取り調べを受け、その後は……。黒船がやってきて開国を迫られるというあの日本の大転換期に尽力した的な記載はあったけど、いやあ、随分とサラッと流しましたね、って思う。あの時代に名を残した有名人たちがこぞって会って話したかった人物がアメリカ事情をネイティブ英語で語れる万次郎だったと確信するけどなあ。皆の知識欲に応えられるくらい万次郎はとんでもなく頭脳明晰な人だったと思えるし。勝海舟さんも福澤諭吉さんもずいぶん万次郎にお世話になったんだろうから、ちゃんとそう言わなくちゃ。笑。

さすがアメリカ仕込みのせいなのか、万次郎はうんと甘いものが好きだったらしい。お菓子だけじゃなくて、鰻や牛肉の味付けもうんと甘くってことらしい。承知しました。冒険者の旅のお供に「もなかの詰め合わせ」はどうかな。一つは鰻ごはん。鰻はこってり佃煮にしよう。実山椒をアクセントにしてしまったけど余計だったかな。甘く炊いた干し椎茸と一緒に大葉入りの酢飯に挟んで。そして故郷の土佐といえば真っ赤なやまもも。もう一つはこれでいこう。甘露煮にして白花豆の甘煮と共にホワイトチョコレートのクリームサンドに仕上げてみた。赤と白。途中からなんとなく日本のシンボルカラーを意識してみたけど、喜んでもらえるかな。

1827年、土佐出身。本名は中濱萬次郎。14歳、出稼ぎのために乗り込んだ漁船が難破、漂流したがアメリカの捕鯨船に助けられるも鎖国中の日本へは帰れず、船長の勧めと本人の希望が一致し、そのままアメリカ本土に渡る。アメリカで暮らし、学び、働いた初の日本人。帰国後は数年にわたる取り調べの後、通訳をはじめ活躍。幕末の志士たちに多大な影響を与えた。享年71歳。
（2023年12月号掲載）

旅立ち・もなかBOX

こころのゲスト90

野村友里さん

ぜんぜんフォローしきれないくらい、
野村友里さんが成し遂げていることは
いっぱいあるけれど。
最高に素敵な料理本の誕生が教えてくれました。
「食べる」って、やっぱりすべてに繋がっているんだな。

料理に興味を持ちはじめた10歳の頃の私がこの一冊に出会っていたら。『とびきりおいしい おうちごはん 小学生からのたのしい料理』。きっと隅から隅まで、何度も何度もながめていたと思う。そしてまもなく料理人になって30年になる私が言う。なんて愛しい料理本なんだろねって。「フライパンを火《ひ》にかけ、手《て》をかざしてあたたまったか確認《かくにん》します」という書き方がもう素敵だ。その横に「ふれたらやけどするから気《き》をつけて!」って吹きだしが。優しいよ。

写真とイラストレーションが流れるように美味しい出来上がりを見せてくれたり、作り方を教えてくれたり。具体的なレシピを包み込むように書かれている素材や道具や地球の話は詩のようだ。これは野村友里さんの最新著書。真ん中に友里さんの大きな笑顔が見える。

そして編集をする人、絵を描く人、写真を撮る人、言葉を書く人、たくさんの人が刺激を受けて、きっとどんどんアイディアが溢れて、こんなに可愛くて濃厚で大切なものになっちゃった気がする。友里さんってきっとそういう人なのだ。友里さんを慕って人が集まり、何かやりたくなる、やれる気になる。ちょっと時代が良くなる方へ。だから友里さんは今日も超忙しい。

友里さんへの料理。難儀だな。笑。ただ、好みそうな味はなんとなく分かる。勘が働いて「スープか味噌汁か……」なんてつぶやきながらインタビュー記事を探していたら、「10年後も作り続けていたい料理は?」という質問に「お味噌汁」とキッパリ答えていて。ありがとう、うん、決まった。まずは私が特別に好きな白花豆の若さやの炊き込みごはん、乾物じゃない今だけのご馳走を今年は友里さんに。その花の蕾を箸置きに。合わせたお味噌汁はアサリと椎茸、お味噌に少しだけココナッツミルクとバイマックルーと生姜の香りを。そして果物の漬物。柿の芥子《からし》漬、梨の塩揉み、葡萄の酢漬、白いちじくの西京漬、紅玉の糠漬。10年後の食卓に想いを巡らせるとドキドキしてしまうね。

20代で渡英、ヨーロッパの家庭料理を学び、30代で渡米、「食の革命家」アリス・ウォータース率いるシェ・パニーズでインターンを経験。レストラン「eatrip」、グローサリーショップ「eatrip soil」主宰。その活動は料理仕事にとどまらず、食のドキュメンタリー映画の監督をはじめ、ラジオナビゲーターや文筆の仕事など多岐にわたる。『Tokyo Eatrip』(講談社)をはじめ著書も多数。
(2024年1月号掲載)

和食周辺

こころのゲスト91

忌野清志郎さん

イエーって言えー。
ライブで言うこんなフレーズセンスも好きでした。
愛をこめて敬称略、キヨシローの詞はね〜、
ほんとにいいの。とてもカラフルな人だったけど、
こんなにピュアな人もいないなって、
選んだ白いクロスは
「ビンテージホワイトデニム」という名前でした。

1951年、東京都中野出身。1968年、高校在学中にRCサクセション結成、1970年、『宝くじは買わない』でデビュー。1991年、RC活動休止後はソロ活動に加え、映画への出演や絵本の執筆、サイクリストとしての活動なども有名。2006年、喉頭癌で入院するも、2008年には日本武道館にて完全復活祭を開催、当時の日本武道館最多動員数を記録した。2009年5月、永眠。
（2024年2月号掲載）

「綺麗なイエロー！　こんなカレーうどん、はじめてです」「お肉がちゃんと柔らかい！」頭の中では目の前の女将さんにひっきりなしで話しかけている。奥から旦那さん(たぶん)がリズムよく麺を切る音が聞こえてくる。新中野の四国屋さん。美味しかったですと言うのが精一杯でキヨシローの話題などカケラも出せなかったけど、次は肉きざみうどん食べに来ますと無言で伝えて店を出た。

働く人のランチをテーマにしたテレビ番組『サラメシ』の中のジンとくるコンテンツ、「あの人が愛した昼メシ」で知ったキヨシローが好きだった店。手打ちうどん。シロウトがこの美味しさを再現できるわけもないけれど、これをカバーしようと自然に思ってしまったから仕方がない。コピーは無理でもカバーならと、麺の仕込みに取り掛かる。コシを出すために全体重を使って生地を踏むリズムにピッタリくる曲を探しながら。鴨鍋を題材にした『カモナ・ベイビー』がサイコーに合っていてなんかすごく嬉しくなった。番組で紹介されていた一品は肉きざみうどん。塩ラーメンのごとく汁が澄んでいるなあと思った印象は絶対に再現しなくちゃ。だけどカレーうどんも大好きだったらしいことも調べがついているからここはもう小盛りでどっちも食べてもらうんだ。のってる具はどちらも葱と豚肉と油揚げだけど切り方や部位を微調整したりして。トマト、好きですよね、勝手にカレーにトッピング。ゲソの青のり天、ビーツと赤たまねぎと人参の葉っぱのかき揚げ、ちくわのおかか天。この辺はイメージでワーッと自由にやってしまいがちなのは私のさがです。四国屋さんではまずお茶といっしょにお漬物が出てくるのも特徴だから、白菜ときゅうりの浅漬を添えて。ああ、出来た。

今。レノンよりも誰よりもキヨシローが作る歌が聴きたくて。いろいろとガッタガタなこの世界のことをすんなり素直に歌える人、怒ったり、愛しあったりできる人、ほかに思いつかなくて。

あの店のうどん・カバーバージョン

こころのゲスト92

タネカら商店さん

オーダーした野菜を
夜遅くにそっと置いていってくれる。
箱の中にはタカラモノ。想像を超えた旬。
そんな夢みたいなことが私の日常になりました。
タネカら商店の二人に出会った日から。

神様、どうか私に美味しい野菜を与えてください。いい人がいい土で育てたピュアな野菜を与えてください。タネカら商店の俊さんと知《とも》ちゃんに出会った日から、この切なる思いはずっと叶っている。

バニラの香りが漂うセロリやフルーツみたいな長芋。包丁を入れたらシルクのような感触の大根。蒸しただけなのに上等な和菓子みたいな南瓜。もう、ほんと驚いちゃう。そして私の元に届くダンボール箱にはいつだって、そんな野菜を育てている農家さんへの二人の敬意が充満してるって思う。まじで。それをぜんぶぜんぶ受けとめたら私はただニヤニヤしながら颯爽と料理するだけだ。

土曜の朝市や春にオープンした新店舗の店先を飾るポップ、ダンボールに描く知ちゃんの絵を並べてみたくて借りてきた。圧倒されるなあ！ 野菜愛、ほとばしってる。タネカら商店のインスタグラムを覗けば、紹介されてる料理の説明からこれまた野菜愛が炸裂していてたまに笑ってしまうくらいだ。最強のシンプル料理は知ちゃんに任せるしかないと思う。ならば私はいつものニヤニヤスタイルで、ごはん好きの二人に「野菜と米」で4品を。生姜とバターを効かせたごぼうの炊き込みごはんをシャドークイーン、ノーザンルビー、2色の細切り芋で包んだ揚げごはん。しみしみの大根の上には黒米を加えて炊いたジャスミンライス、そのまた上には干し海老の旨みが隠れているビーツのカレー、ひと口だけどスパイシー。カレーリーフやカルダモンを石臼でじっくりすり潰したし、パンダンリーフ、タマリンド、ココナッツミルクを効かせたし、てっぺんにはパクチー。カーボロネロという黒キャベツに包まれているのは下仁田ねぎと椎茸のソテー、玄米餅、モッツァレラチーズ。お出汁でトロトロに。そして南瓜の焼おはぎは白味噌仕立て。もち米に炒ったじゃこと塩もみのルッコラを混ぜて。どんなに足しても重ねても、素材を殺さず生かせる料理人にならないと、いつか二人に叱られる。

滝田俊輔 1973年、東京都出身。1999年、ナチュラル・ハーモニー入社。無農薬・無肥料を中心とした自然栽培について学ぶ。卸販売担当。
十河知子 1976年、大阪府出身。2004年、ナチュラル・ハーモニー入社。同じく卸販売担当。
2019年、共に独立、「タネカら商店」を立ち上げる。主に飲食店への卸しからスタート。2023年6月、世田谷区深沢に店舗を開店。※写真は『暮しの手帖別冊 春野菜夏野菜決定版レシピ』より
（2024年3月号掲載）

野菜と米のリレー

こころのゲスト93

エドワードさん

33年も前の映画なんですね～。シザーハンズ。演じていたのはジョニー・デップだったと後から知ってびっくり。知ったからといってジョニー・デップの推しになることもなく、ただひたすら「エドワード」のことが好きなままで今日まで。

『シザーハンズ』が好きっていう人に出会うとニコッとして体が緩んで心にポッと火が灯る。それは「ブルーハーツ」が好きっていう人に出会ったときの感じとは色合いが違っていて、「ラッコのメイちゃん」が好きっていう人に出会ったときと少し似ている。まとめてみると、無垢な心を持った芸術性の高い人に私は弱い（惹かれちゃう）ってことが分かるけれど。シザーハンズのエドワードにお皿のラブレターを出しそびれていたのは、監督のティム・バートンの作品をもっと観てからじゃないととか、この映画の肝をなんかかっこよく言わなきゃとか考えていたせいかも。やだな、それはダサいな。映画の感想だって料理の感想を言うときのように、誰の前でもハキハキと言えばいいのに。きっと簡単なことだ。エドワードが植木を見ると思わず夢中で刈っちゃうサガ、その仕草が好きです。（ジョニー・デップ、最高の演技！私、絶賛！）いつの間にか人間のエゴを浮き彫りにしてしまうほどの純朴さが好き。嘘を知らないところ、大好きです。

エドワードはそのハンズに肉や野菜を刺してBBQでは大活躍していたな。とにかく刺して食べられるものを作らなくちゃ。本日の食材は北の海から届けてもらった色鮮やかな花咲蟹。エドワードが蟹とご対面するのはきっと初めてなはず。どんな顔するかな。いわゆる蟹の爪と呼ばれるシザーハンズの部分に身がたくさん詰まっているけれど、そこはそのままにして、他の身を集めて濃厚クリームコロッケと、一緒にじゃがいもの細切りや卵焼きをライスペーパーで巻いて蟹の蒸し春巻に。おっと、出来上がってみたらどちらもけっこう柔らかくて刺しにくかったかな（汗）。焼いたり揚げたりしてオーロラソースをかけた人参、菊芋、ブロッコリーなどはうまく刺せるかな。慣れない高級食材を使うと我を忘れていつものバランス感覚を発揮できなくなるところがあるかも私。これをエドワードの教訓と呼ぶことにしようね。

1990年12月、アメリカで公開されたティム・バートン監督の映画『シザーハンズ』の主人公、丘の上の屋敷に住む老発明家によって造られた人造人間である。老発明家の突然の死によって手がハサミのまま、未完成のままに。化粧品のセールスにやって来た女性に連れ出され街で暮らすことになり、持てる能力を発揮したり人間の悪意に翻弄されたり愛することを知ったりするが……。
※写真は映画『シザーハンズ』パンフレット（私物）より（2024年4月号掲載）

蟹のクリームコロッケ、など

こころのゲスト94

香菜子さん

真似できない容姿。でも真似したい着こなし。
絵も描いてグッズのデザインもして本も書いて、
このごろはおぱんつ君!
そしていつでもしっかりお母さん。ああ、すごい。
なのに忙しく見えない香菜子さんの朝へ
やさしい気持ちでアプローチ。

ずっと前。「女性の時代」とセットみたいにして「しなやか」という言葉が雑誌や広告でもてはやされていたことがあった。本を小脇に抱え颯爽と横断歩道を渡る美しい人の横に「しなやかに生きる。」というコピーが躍るような。苦手でした〜。なんでそんなことを思い出したかというと、そう、香菜子さん。香菜子さんにはしなやかって言葉がピッタリきてしまったのだ。インスタグラムなどで垣間見る香菜子さんの日々。子育てをしながら多種多様な仕事にまるで遊びのようにアプローチし、旅にも出て、日々の移ろいにも目が届いている、その全部がシームレスに見えるこの魅力を言いあてるのに、きっと私がいつも使う言葉じゃ足りなくて、時を経て熟成されたこの言葉がこぼれてきたのかも。ほんとしなやかです、香菜子さん。

「ホテルヴィルヘルムスの朝食」と聞いてニヤッとしてくれなかった人に説明すると、ホテルヴィルヘルムスは香菜子さんがラトビアにある架空のホテルをイメージして、そのホテルで使われているであろうグッズを商品化しているブランドで、ならば今日は私にその料理部門を任せてもらおうという妄想。コーヒー、クレソンとミントのスープ。カカオパンには苺バター、トウフを使った軽い鶏レバーペースト、ビーツのクリームチーズ。大豆のフムスに半熟ゆで卵。ハンバーグソーセージにはオレンジソースとたっぷりのサラダ。紫キャベツ、3色パプリカ、トマト、人参、菜の花、ルッコラ、チーズなどなど。クリスマスの頃にもらった額縁みたいなお皿がぴったりな気がして初おろし。実際に香菜子さんをお招きしてこの朝食を前におしゃべりしていたらヴィルヘルムスが画家の名前と知らされて嬉しいびっくり(調べてなかった〜)。そして「友人とランチの約束をするよりホテルの朝食に行くほうが好き。ゆったり食べて、その後の時間もゆったり使えるから」と言って微笑む香菜子さんを眺めながら、私は何度もガッツポーズをしたい気分でした。

1975年、栃木県生まれ。女子美術大学工芸科在学中からモデルとして活躍、現在2児の母。2005年、母の立場から「こんなものがほしい」をかたちにした雑貨ブランド「LOTA PRODUCT」を設立。2008年からイラストレーターとしての活動もスタート。現在は別のブランド「HOTEL VILHELMS」、「おぱんつ君」のプロジェクトも進行中。著書に『毎日、無理なく、機嫌よく。』(すばる舎)など多数。(2024年5月号掲載)

HOTEL VILHELMSの朝食

こころのゲスト95

井之頭五郎さん

谷口ジローさんが描く原作漫画の井之頭五郎と、
テレビドラマシリーズの松重豊さんが演じる
井之頭五郎。食の好みも職業も一緒、
でもムードが違う、そこがすごくいいな。
どっちが好き？ラブレターは
お茶目要素がある松重・五郎さんに！

私の夜。ちょっとした隙間時間に『孤独のグルメ』。気がつけば配信されてるほとんどすべての回を見ているみたい。料理が褒められている、一所懸命に褒められている、それが私にはとっても気持ちいいみたい。すべての料理になり代わってお礼を言います、笑、井之頭五郎さん、ありがとう。それが松重豊さんでよかった、ありがとう。演じている部分と演じているわけじゃない部分の両方で松重さんは最高に素敵な食べる人として料理の前にいてくれる。そして原作者の久住昌之さんですよ。そうだった、『かっこいいスキヤキ』の原作者だった！かつてコピーライターだった時、私はこの漫画のタイトルに嫉妬したですよ。やっぱり『孤独のグルメ』というタイトルそのものがもう秀逸なんだなあとあらためて気がつく。

そんなことに思いめぐらせていたら、今日の料理は自然に決まった。恐れ多いですが「かっこいいスキヤキ」作らせてください。かっこいいって？とか悩んじゃだめって自分に言い聞かせて、いま手に入る美味しい美味しい食材で。このクレソン、この長芋、やばいから。そんな勢いで組み立てる。ちょうど大好きな大根の花芽もやって来た。舞茸、原木椎茸、九条ねぎ。そして今年の白菜の旨みに驚いていつもとは違う漬け方にトライしたキムチにいい感じの酸味がのってきたから牛肉に合わせてみたい。白滝と卵は必須。そしてそしてコンニャクみたいに見える小さな三角、これは牛脂！松重さんがエッセイの中ですき焼きの牛脂の魅力について綴っているのをギリギリで発見、肉屋さんに多めでとお願いして手に入れた極上の牛脂です。この脂で肉も野菜もサッと焼いてから、煮込むもの、最後に加えるものって分けてラストスパート。五郎さんには常に白いごはん。「松重豊 好きな食べ物」で調べたら汁なし担々麺の文字が飛び込んできたので胡麻油とすり胡麻を絡めた中華麺も添えて。かっこいいかは分からない、けど鍋の形。「角いスキヤキ」にはなったから！

原作・久住昌之、作画・谷口ジローの漫画『孤独のグルメ』の主人公。2012年にテレビドラマ化され、今なお人気のこのシリーズでは松重豊が主演を務めている。個人で輸入雑貨商を営み、日々商用で訪れた街で一人ふらっと見つけた店で食べたいものを自由に食すことにこの上ない喜びを感じている。お酒は飲まない。でも居酒屋は好き。お店の人が嬉しくなるくらいたくさん食べる。原作・久住昌之　作画・谷口ジロー　©テレビ東京（2024年6月号掲載）

かっこいいスキヤキ

こころのゲスト96

ビリー・アイリッシュさん

地球の気候危機のこと、
セクシュアリティのこと。口元から
自然とメロディがこぼれてくるみたいに
どんなこともちゃんと言葉にする
ビリー・アイリッシュ。
この声の成分となんだかとてもスペシャル。

2001年、米国ロサンゼルス生まれ。2019年に発売されたデビューアルバムは世界18カ国で1位を獲得し、2020年、史上最年少で第62回グラミー賞にて主要4部門を含む5部門を受賞。以降、新たな楽曲で2021年、2024年にもグラミー賞受賞という快挙が続いている。ライブツアーは環境保全団体と提携するなど気候危機に対しても積極的に取り組んでいる。※写真はCD『Happier Than Ever』(私物)より(2024年7月号掲載)

一日の終わりにお風呂に入る。すごく楽しいことがあっても、ひどく疲れることがあっても、今日は今日、綺麗に水に流して明日は明日、そんな気持ちでお湯に浸かる。ボ〜ッと歯磨きしながら音楽を聴く。真夜中なのに激しめのロックを聴いてリラックスできるときもある。ご近所迷惑になっていないだろうなあ。そして妙なザワザワをなだめて夜に溶けちゃいたいときはビリー・アイリッシュ。気がつけば最近の傾向。長いことビル・エヴァンスの『アンダーカレント』がいてくれたポジションだ。またいつか戻ることもあるかもしれないけれど、いまは彼女の声に溶けている粒子が優しく感じられて仕方ない。どうしてなんて考えない。眠れなくなるから。笑。

ビリー・アイリッシュはヴィーガン。ベジタリアンの家庭に育ち、12歳のときに動物性食品は一切食べないと決断。あるドキュメンタリーを観て食品産業のシステムの中で動物がどのように扱われているかを知りショックを受け、もう関わりたくないと思ったからだという。そしてグルテン不耐症なのでグルテンフリー。乳製品にもアレルギーがあるからヴィーガンの王道をいくような何かだな。考えはじめて浮かんだのはパパドだった。パパドはよくカレープレートと一緒に出てくる豆が原料の薄いせんべいのようなもので、揚げたてが美味しい。この塩気を生かせばスナックっぽいメニューだけじゃなく甘じょっぱいデザートにしても面白い。たんぱく質もミネラルもしっかり入れていこう。スパイシーパパドには3種のディップ。空豆とカシューナッツ、ビーツと豆腐、そして黒オリーブ。そこに絡むようにケールやスイスチャード、菜花、まんねん草を、それぞれベストの調理法で。プレーンパパドの上には白小豆のつぶあん、貝豆の甘煮、スパイシー苺ジャム、豆腐チョコレート、干したドラゴンフルーツを。書くと変だけど、笑、ちゃんと美味しく出来ました。土に還るよう紙とバナナの葉っぱでテーブルセッティングを。

オン・ザ・パパド

こころのゲスト97

アキ・カウリスマキさん

映画『枯れ葉』の主演俳優、
アルマさんが言いました。「アキは沈黙の巨匠。
一行のスーパースター」だと。ほんと、そう。
無口な主人公たちが少しのセリフと
圧倒的な「間」で私をジワジワさせる。
アキ・カウリスマキという名前からして
なんだかジワジワするけれど。

アキ・カウリスマキ監督が帰ってきた。2017年に発表した引退を撤回して作られた新作『枯れ葉』。真っ白な気持ちで映画館に向かう道すがら「この映画が大好きだったらアキ監督にお皿のラブレターを出そう」なんて思っていたっけな。そしてラストシーンを思い返しながらの帰り道、もうお皿のアイディアを思い浮かべてはニヤニヤしてしまったな。アキ監督らしいノスタルジックな色調にいつの時代の話だろうと思っていると主人公の部屋のラジオから聞こえてくるウクライナ戦争のニュース。すごいインサートだなあ。そのことについて話題にするわけではなくストーリーは展開していくけれど……引退撤回の理由はこれですね。クソッタレが！　人が人に求めるものは愛でしょうが、ときっちり念を押すためのこの一作。「労働者三部作」「敗者三部作」と呼ばれる過去作品で描かれたあまりに微かすぎて唸ってしまうような希望の描き方もほんとしびれるけど、『枯れ葉』よ、ありがとう、辿りついた愛がしみたよ。

ポスターにもなっている印象的な食卓シーン。彼女はお皿を一枚しか持っていないからスーパーでもう一枚揃えて彼をはじめて食事に招く。でも食事の途中で諍いが。出ていく彼。食べかけの料理といっしょに買ったばかりのお皿もゴミ箱に投げてしまう彼女。このシークエンスに私の想いも込めるしかない。ホワイトアスパラとゆで卵とベーコン？　同じ食材を使って仕上げてみよう。このタイミングで北海道のホワイトアスパラが届くなんて幸運。ジャスト旬。ゆらゆら茹でて、軸は縦割りにしてソテー、酒粕を使って柔らかい味に仕上げたスモーク塩豚のソテーといっしょにパスタみたいにクリームレモンソースを絡める。頭4センチは茹でたままで芥子マヨネーズをのっけて。ゆで卵は半熟。柔らかいえんどう豆をサッとチキンスープで炊いて敷きつめて、最後はやっぱりディル。グラスのミントメロンを添え、アキ色を思い描いて光を探してセッティング。

1957年、フィンランド生まれ。独学で映画を学び、映画評論家としてキャリアをスタート。1981年、兄のミカ・カウリスマキと制作会社を設立、1983年、初の長編映画『罪と罰』を発表、評価を得た。『レニングラード・カウボーイズ・ゴー・アメリカ』でその名を世界に広め、「敗者三部作」など独特な作風でカルト的な人気を博す。最新作『枯れ葉』は第76回カンヌ国際映画祭で審査員賞を受賞。※写真は映画『枯れ葉』のパンフレット（私物）より（2024年8月号掲載）

ホワイトアスパラの季節

こころのゲスト98

COOK料理カードさん

いったい何枚あるんだろう。
ざっと15枚×12か月×12年？
このデータ丸ごとでAIなら
どんな料理を作りだすのかな。
あの頃の私にとってCOOK料理カードは
レシピじゃなくて世界だった。
感謝をこめて、これからは
クックさんと呼ばせてもらうと決めた。

1958年、通販会社・千趣会によって日本で初めて創刊された料理カード付き月刊誌が、1960年、『COOK』と改名。1964年には料理カードも本誌もさらに充実し、60年代後半から70年代にかけて若い女性中心に隠れたベストセラーとなった。今日の女性誌やグルメ雑誌の先駆者的存在。書店ではなく会社で直接販売するという形態だった。1988年に休刊。（2024年9月号掲載）

ある日、父がクックさんを持って帰ってきた。奥様に定期購読どうですかと勧められたらしい。飛びついたのは10歳の私だった。それから10年ちょっと、部活でクタクタな日々も、受験で追い詰められてる日々も、静かに新しいクックさんをめくる時間があった。

ある日、実家の片付けをしていた兄から連絡があり、大量にあるあれ、どーする？と。すでに記憶の彼方の存在だけど一気に懐かしさもこみあげてくる。実家から運んできてもらったクックさん一同は想像以上のボリューム。思えば料理人になってから触るのは初めてだなんて思いながら一摑みしたカードを見て愕然とした。「インディアンソース」って……。これ、店のメニューで使っていた言い方じゃない。カレーソースって言わない私っぽさと思っていたらまさかのパクリ。私の料理脳がクックさんで出来ていることを今さら実感した瞬間だった。思えば私の料理がボーダレスな感じなのもクックさんが見せてくれた世界の料理のイメージを子どもの柔らかい脳でキャッチしまくったせいなんだろう。そして私がなかなか料理の道に行かない月日も消えないでいてくれた。ほんとにありがとう。

決めた、今日はインディアンソースを使って、10歳の頃のあの子が好きそうなものを作ろう。やっぱりハンバーグ？あの頃、夢中で作っていた泥だんごのようにまん丸にしてあげようか。科学の実験でいんげん豆を発芽させて初めて野菜を収穫できたことが嬉しくて、小さな庭でトマトやナスを育てたのもあの頃。そんな記憶でいっぱいの一皿にしよう。大きなトマトは丸ごとピクルスにしてカット。ナスは深く素揚げにしてチャットマサラのフレーバー。いんげんはにんにくとオイル蒸しに。トマトビーツソースの赤いごはん。牛肉豚肉8対2で真剣に作ったハンバーグ、そしてクリームチーズと玉ねぎとインド系スパイスを駆使して仕上げたインディアンソース。最近作ったピカピカの新・泥だんごを自慢げに添えて。笑。

泥だんごバーグｗ／インディアンソース（10歳のあの子へ）

こころのゲスト99

藤井 風 さん

藤井風さんとピアノ。
くっつけたのは大好きなお父さん。
藤井風さんとピアノ、
一緒にいると無敵感があふれだす。
ピアノがメロディを連れてきて、
メロディが言葉を連れてきて、
言葉が風さんのエモさを誘いだす、
たまらない循環です！

風さん、今日は何をしているだろう。USツアーが終わってふにゃ〜っとすることもなく、曲を書いているかな。詞をつかまえているかな。風さんの詞。私のど真ん中。まんまの自分とちゃんと出会うこと、手放すこと、そんな深いテーマがときどきキュンと恋愛ソングに聴こえることがあって、そこがまたミソ。『grace』という曲が出たとき、このテーマのこの世界、とうとう描ききっちゃったのではと思ったりしたけど、バカな心配したもんだ。風さんのいま、さらにさらに。そして思う、音楽にとって詞ってなんだろうって。日本語で歌ってる風さんの歌が日本語を知らない様々な国の人の心を摑んでる。私も知らない言語の歌を好きになることなんてザラにある。詞は補足。そうかもしれない。声でピアノで指で目で届いちゃう、そうなんだと思う、でもね、マイ言語で聴く藤井風がどれほどの威力があるか確認してみてほしくもなる。だから英語で歌う新曲をどうぞいつか。アメリカの友人たち、どんな感想を届けてくれるかな。

風さんはベジタリアン、焼きそば、納豆、油揚げ、調べなくても出てくるそんなキーワードを頭の中でぐるぐるさせていたら、リースの形をしたお好み焼きになった。やってみよう。まずはウスターソースと中濃ソース、さらに豆乳マヨネーズを作ることにした。人生初トライが調子に乗っていいレベルの美味しさに。下の段はキャベツとズッキーニ、つなぎは米粉と大和芋。中段は油揚げの細切りを混ぜた焼きそば、カリカリに焼いてウスターソース、さらにトマトソース、マヨネーズ。上段は紫キャベツ、人参、ナス、米粉、大和芋。そしてトッピング。素揚げの舞茸ととうもろこし、九条ねぎ、爽やかな香りのブッシュバジル、ビーツで染めた紅生姜。そしてこのリースをピンクのタイルの上に置きたいと願った私のイメージを益子の陶芸家、郡司夫妻が叶えてくれてなんとタイルまで出来たて。そっと海苔の音符を踊らせたら、やり切った感がひしひしと。

1997年、岡山県生まれ。幼少期より父の影響でクラシックピアノを始め、年代、ジャンルを超えてあらゆる音楽を聴いて弾いて育つ。12歳から自身のYouTubeチャンネルにカヴァー動画を投稿。確かな技術と比類稀なアレンジ力が話題に。2019年、活動の拠点を東京へ。2020年に1stアルバム『HELP EVER HURT NEVER』をリリース。以来、その注目度は国内のみならず、世界の音楽シーンで広がり続けている。
（2024年10月号掲載）

お好み焼きファンタシィ

こころのゲスト100

お母さん

お皿のラブレター、とうとう100回です。わぁ！
気持ちよく、ここでピリオド。そして深呼吸。
私にとってアイデンティティーのような連載でした。
ラストの重責、
お母さんに出てきてもらうしかないな。笑。

私は料理に関して母から影響を受けたことは何もないとずっと思っていた。だけどそれは違った。糠漬け作りに失敗しながらそれに気がついた。一から糠床を作って、いろいろ足したり引いたり混ぜたりしても、なかなか思うような味に辿りつかないキュウリをかじりながら気がついた。いつの間にか目指していたのは母の糠漬けの塩梅だったのだ。「美味しい」と「すごく美味しい」の境を決める最後の塩加減。もしかしてお母さん、そこいい感じ？ 家族4人で住んでいた頃の炊き込みごはんやお味噌汁、きんぴらごぼうの味を思い出してみると妙に納得の気分がした。塩味に関しての遺伝子、私は母からもらったのかな。それほど料理が好きじゃない人という認識で来たから気づかなかったよ。笑。これはお礼を言わなくちゃ。

母の実家はお豆腐屋さん。小学生の頃、お泊まりした朝にあの店で見たすべては私にとって最初で最高のものづくり体験。その思い出にもお礼を言わなくちゃと思いついた今日の一皿は「お豆腐コレクション」。さすがに食が細くなった母へ、少しずついろいろ作ってみよう。ぶどうのピクルス2種の白和えはカシューナッツ風味。いなり巻きには煮穴子、干し椎茸、オカヒジキ、ガリ、大葉。菊とひじきのがんもにはフレッシュグリーントマトソースを敷いて。その隣はお豆腐とは関係ないけど、イカとウニの揚げ焼きそば。五目揚げ焼きそば好きな人へ蕎麦を使って遊んでみたよ。そして焼いた油揚げに醤油をジュッ、シマアジのお刺身と枝豆を重ねて。鴨肉を詰めた厚揚げはこっくり赤ワイン煮に。急遽思いついたデザートはソーメンかぼちゃを甘いココナッツミルクにしばらく漬け込んだもの。ほんの少しの塩が効いてます。

93歳の母は食欲がない日も多いと聞くけれど、私が届けたお弁当はたいていぜんぶ平らげて、翌日のお通じもいいらしい。きっとそれは母にとってちょうどツボな塩梅だからなんだろうと今さらながら思うのだ。

1931年、東京・日本橋で後に豆腐屋を営む両親のもと、6人姉弟の長女として生まれる。女学校卒業後、勤めに出た会社で出会った男性と20歳で結婚。その後は専業主婦に。一男一女を出産。子どもたちが巣立ち、夫が他界した現在は一人暮らし。整理整頓好き。モノを捨てるのが苦手。やけに身体が柔軟。（頭は硬いか？）
（2024年11月号掲載）

お豆腐コレクション

こころの対談

甲本ヒロトさん

その人の歌に出合って、いらないものを手放せた。
いち子さんが心からの感謝を込めてそう語るのは、
連載中に2通のラブレターを届けた、特別な相手。
おいしい手紙の束をくくるリボンは、
やっぱり、この方にかけてもらいましょう。

Text: Michiko Otani

料理があれば、大丈夫。信じさせてくれてありがとう

竹花いち子（I）　いやー、まさか受けてもらえるとは……でも、ヒロトならきっといいよって言ってくれそうな気もしたので、まっすぐお願いさせてもらいました！

甲本ヒロト（H）　いえいえ、こちらこそ。（1回目のお子様ランチのページを見て）ああ、これだこれだ。

I　100回の連載でいろんな料理を作ったんだけど、私、やっぱりこのお子様ランチがいちばん好きなんだよね……。とくに気に入ってるのが、デザートのブラマンジェにのせた黒豆が偶然にもパンダっぽくなったのと、日の丸を「情熱の薔薇」にしたところ。うまく描けちゃったなあって（笑）。

H　フフフ。まさか料理で自分の歌に反応してくれる人がいるなんて思わないから、最初に聞いた時は「あ、そういう企画なんですね。はい」って。でもその後、会うこともできたんで、2回目（「豆と海」）は実際に食べさせてもらいました。ライブに行って、1曲ずつ楽しむみたいに……何ていうか、「頭蓋骨で食う」感じだったな。

連載第1回「お子様ランチ・フィーチャリングお豆」(→p.6)

連載第34回「豆と海」(→p.76)

I　頭蓋骨？

H　うん。食感って、歯を伝って頭蓋骨にくるじゃないですか。コリコリ、カリカリ、ポクポク、噛んで歯と歯が当たる音とか……頭蓋骨で味わううまみって、最高だよ。

I　話すことが、いちいち歌詞（笑）。1回目のラブレターを出した後、ヒロトが共通の知り合いと一緒に食事に来てくれることになったんだけど、普通に考えたら、めっちゃ緊張してドキドキしても当然じゃない？　もちろん来るまでは大騒ぎで、私がどのくらいヒロトのことを大事に思ってるかを知ってる友達は「大丈夫？」って。

H　アハハハ。

I　でも、実際にヒロトが来てくれて、作って料理を出してみて、「ああ、この人は本当にこの瞬間にいる人で、出したものをちゃんと味わってくれるんだ」っていうのがわかって……。もうね、褒められたりすることが嫌いだろうからあんまり言いたくないんですけど、私が料理人になれたのはヒロトのおかげだって思ってるところがあって。

H　なーんか、妄想聞かされてる感じだなぁ（笑）。

I　そうだよね、きっとものすごくたくさんの人から妄想聞かされてるよね（笑）。でもね、本当だから！　ただ、そう思いながら実際に料理を作って出してみたら、私、びっくりするくらい平気だった。全然緊張しなかった。その時、ああ、私は料理と一緒にいれば平気なんだ、何があろうと誰が来ようと「私です」っていつでも言えるんだって。そのことが実証できた瞬間だったなぁと、今でも思ってる。

ロックンロールは「目的」。決して手段にはしない

H　いいね。すごくいい。僕も「よし、OKだ、大丈夫だ」って思えたのは、つい最近ですよ。それまでは何やってんだかよくわかんなかったし、明確なビジョンもなくて、不安になる時もあったんだよ。「俺、大丈夫かな？」って。

I　えー、ほんとに？

H　ほんと、ほんと。でも最近、やっと思えた。「おっきな声で、一生懸命歌ったら何とかなる」って。昔から毎日やってるんだよ？　でっかい声で、いつでも一生懸命歌ってる。でも、それがいいことだとは思えてなかったのが、最近やっと「あ、これはいいことなんだ」って。

I　うん。

H　やっぱりそれも、時間が証明してくれたことなんじゃないかな。毎日ごはんを食うのに困らないし、友達もいるし、幸せな毎日を送れてる。どうして今、こんなに楽しく生きていられるんだろう？と思ったら、結局、それしかやってなかったからで、だったら、これからもやっていけばいいんだなって。そんな気がした。

I　そうだったんだ……。あのね、聞いてみたいことがあったんだけど、ヒロトは曲を作る時、誰かにあげたいと思って作ったりするのかなって。

H　（即答）しない。

I　たとえば検索すると、ある曲は友達の誰々に捧げたものだっていうエピソードが出てきたりするんだけど……。

H　ネットには本当のことは出てないよ。何も考えてない。

I　やっぱり、そうなんだ。

H　うん。自然に浮かんでくる音楽をそのままやるだけだから、無責任っちゃ無責任。僕の曲がきっかけで誰かが幸せになってくれたら、それはうれしいけど、誰かを勇気づけようとか幸せにしようとかは一切思わない。もっと言うと、不幸になっても全然かまわない。目的は、そこにはないから。ロックンロールが目的だから。僕はどこかで、そう腹を括ったんですよ。ロックンロールを手段にはするまいと。たとえば、ロックンロールで世界を平和にしてやろうとか思うと、ロックンロールが平和の道具になっちゃうでしょ？　そうじゃなくて、ロックンロールこそが最終目的でいいじゃないか、と思うんです。

I　ああ、いいなあ。

H　バンドやる人もいろいろで、人気者になりたいとか、お金を儲けたいとか、もてたいとか、いるじゃない？　結局、ロックンロールが道具になっちゃってるんだよ。それは嫌なんだ。ある時、若い子と話した時、ロックでお金持ちになりたいって言うから、「お前の夢はお金なんだな？それは素晴らしいことだからぜひ叶えろ。でも、その代わり、金は1円も使うなよ？　夢なんだから」って。そういうね、面倒くさい屁理屈親父なんですよ（笑）。

I　アハハ。でも、すごくきれいな屁理屈だと思う。

H　しゃべる時くらいは、理想でいいじゃないですか。実現できなかったとしても、カッコつけたいじゃない。僕だって、言ってることそのまんま全部ができてるわけじゃないけど、せっかくこんな素敵な場に呼ばれてるんだから、カッコいいこと言うよ（笑）。その代わり、作った曲は基本的に自由に使ってもらっていい。替え歌もＯＫだし、バカにしたければしてもいい。それは、僕の曲がその人をそういう気持ちにさせたんだから。

これからもずっと、やりたいことをやりたいように

I こんなふうに潔く手放せる感じ、いいなぁ。そうなりたいと思うんだけど、なかなかできなくて……そこが、私の問題点かな。料理って食べる相手のことを思って作るものだから、「どうだったかな？」っていうのが、すごく気になっちゃう。リアクションを求めちゃうの。

H わかる。すごく。もし僕が「あの人に聴かせよう」とか、あるいは僕自身を表現しようとして曲を作ってたら、やっぱり「伝わったかな」って思うだろうし。

I あと、料理にはレシピっていうものがついてくるんだけど、私は、とにかく分量を量ったりするのが苦手で。やってると、ほんとに具合が悪くなっちゃうの。思いついた分量をいちいち量ってると、今、心に浮かんでる思いが逃げていくような気がしてて……。

H でも、ちゃんとおいしいものができてるよ？　いち子さんの話聞いてると、思考は音楽家だね。やってること、僕と同じなんじゃないかと思う。

I そう？

H 僕の言い方だと、曲を作るときは、ろくろを回してる感じ。回しながら偶然に任せて作ってるわけだから、「今、人差し指と親指をギュッとやったでしょ」「指に何グラムの力入れた？」って言われても、わかんない。

I そうなの、わかんないの。

H 自分としては手を置いてるだけだから、動きは説明できない。ただ、そうして偶然出来上がったものを「うわ、カッコいい！」って思う瞬間があるんだよ。それが僕の「できた」。もちろん、楽譜に書いて曲を作る人もいるし、いろんな人がいて、いろんなやり方があっていい。

I その通り。同じ職業でも、全然違うもんね。そういう意味でもやっぱり、ヒロトって人に出会えて私はありがたかったです……。そういえば、これまでに一度だけ、ヒロトが自分で写真を撮ってくれた料理があったんだよね。覚えてる？「オルタナティブ豆ごはん」。

H ああ、撮った撮った！　いつもはやらないのに。

I 黒米の上に、旬のピッカピカなグリーンピースがのってて、真ん中に卵が入ってて、混ぜて食べてもらうやつ。ヒロトが「おー」って言って、ポケットからスマホを出して撮ったの見て、すごくうれしくなった。

H 何かね、言葉では説明できないものが出てきた感じで……地球とそっくりなもうひとつの地球があって、そこで出てきた豆ごはんみたいだなと思った。カッコよくて、可愛らしくて、よくこんなの思いつくよなぁって。

I あと、どうしても料理を盛りすぎちゃうんだって話をしたら、「そのまま、行くしかないでしょ」みたいなことを言われたのも、すごく印象に残ってる。写真に撮ってきれいなのは、だいたい7割くらいの要素でちょうどいいなと思いつつ、私、いつもそこで止められなくて……。

H 正直、食い切れないと思ったこと、たまにある（笑）。胃袋がもっとデカければなぁって。でも、やりたい人がやりたいようにすることが、やっぱりいちばんいいんだよ。何事も。だから僕も、大きな声で、一生懸命歌います。

I そうだよね、衝動のままに……しょうがないから、私も、これからもこのまま行かせてもらいます(笑)。今日も、本当に、本当にどうもありがとう！

おわりに

届けられなかったお皿のラブレター。こころの実家と思っている里山の家族や何人ものミュージシャン、詩人、活動家、動物たちの顔が次から次へと浮かんでくる。1から100までの道のりはとにかく無軌道で、「ずっと好きだった」を平気で差しおいて、「ゆうべ好きになった」に翻弄される楽しさをたくさん味わいました。このままつづけるとしたなら次はどうしよう。いいお天気につられてそんなことを思ってみたら、浮かんだ顔に涙がせりあがってきてしまった。そうだよね、テツさんにもう一度だよね。

第75回のこころのゲスト、北極で観測活動をつづける犬ぞり探検家の山崎哲秀さん。一年の半分を北極で過ごすテツさんが愛するグリーンランドの地で消息をたった……そのことを知った2023年12月2日のブログによるとその事故が起きたのは日本時間の11月30日だという。私の誕生日だ。お皿のラブレターチームと大はしゃぎしていたまさかのあの日に……。

テツさんはラブレターの返事をくれた人。

「気持ちがすごく伝わってきました。いや〜、ほんとうに食べたい」という文字を何度ながめたことか。こんなふうにテツさんの気持ちや言葉はいろんなところで誰かの心の支えになっているんだろうなと思う。今もこれからもきっと。テツさんにはいつか必ずほんとうに食べてもらわなくちゃと思っていた。あのとき作ったのは「極夜の花火ずし」、もういちど同じものを同じテンションで作るのはとてもむずかしい、ならば「白夜の花見ずし」はどうだろう。テツさんは生きていると思ってそんなことをいっしょうけんめい考えてみる。私は私の妄想にいつも助けられている。

本のあとがき、その最後に出版にあたってお世話になった人々に感謝を述べるくだりがある。なぜかあのパートが好き。なぜか羨ましくなるのだけど、そのチャンスがとうとう私にもやって来た。どうしよう。

はじめて料理の写真を撮ってもらったとき、この人はシャッター切りながらほんとに食べてるみたいと思った写真家の安彦幸枝さん、アビちゃん。あなたが燃える料理をもっと作りたいと思わせてくれてありがとう、アビちゃんへのお皿のラブレターは「プライドチキン&ポテト」、フライドじゃないよ。笑。かわいいとかっこいいを融合させるそのセンスに私が頼りきっているアートディレクターの峯崎ノリテルさん、みねぼー。デザインだけじゃなく、食べたときに出る「おいしい〜」の顔も唯一無二です、ありがとう。みねぼーへのお皿のラブレターは「海老フェス」しかない。撮影のたびにゲストに合わせた着こなしで登場してくれるリンネル編集部のファッションリーダー馬場智子さん、ばばちゃん。私が選んだゲストについて、いっしょにたくさん予習をしてくれてありがとう。ばばちゃんへのお皿のラブレターは「春巻ベストテン」でしょう。そして私を見つけてくれて、すべてを自由にさせてくださった西山編集長は女神同然。「例のスープ・アップデート編」を。さらに仲良しチームに後から飛び込んできてくれて奔走してくれた書籍局の前嶋由美子さん、「約束のチゲ」をきっと。

いつか言葉を忘れてしまう日が来ても、すべての想いを料理で伝えられたらいいのになあ。そんなことを願いながら「多謝」とキーボードで打ってみる。

竹花いち子（たけはな いちこ）

フリーのコピーライターを経て、1993年から2011年までレストラン「タケハーナ」のオーナーシェフ。現在は自由な料理人。

写真　安彦幸枝
デザイン　峯崎ノリテル（(STUDIO)）
編 集　馬場智子（リンネル編集部）
　前嶋由美子（宝島社）

スペシャルサンクス　甲本ヒロト

お皿のラブレター

2025年 2月14日　第1刷発行

著 者　竹花いち子
発 行 人　関川 誠
発 行 所　株式会社 宝島社
〒102-8388
東京都千代田区一番町25番地
電話（営業）03-3234-4621
（編集）03-3239-0928
https://tkj.jp
印刷・製本　日経印刷株式会社

Printed in Japan
ISBN 978-4-299-06291-8
JASRAC 出 2410223-401